スポーツと
ウェルネスの
イノベーション

著　植田真司・青野桃子・東出加奈子
　　菅 文彦・近藤孝明・阿部 悟

編　大阪成蹊大学
　　スポーツイノベーション研究所

創文企画

ま え が き

　本書は大阪成蹊大学スポーツイノベーション研究所・月例研究会「スポーツと
ウェルネスのイノベーション」（2022年4月〜同9月）の内容を書籍化したもの
である。

　筆者は、この拙稿を大阪・淀川河川敷で開かれたランニング大会に参加して
5kmを走り終えた翌日に書いている。長距離走を苦手とする筆者が、大会主催者
との機縁に触れて会話を深めるうちに"走ってみよう"と思い立ち、当日は自分
なりのペースで疾走できた。

　大会参加の決意から本番までの約1か月間を「ウェルネス」になぞらえて振り
返ると、筆者がまず実践したのが定期的な運動である。とは言うものの、本格的
なランニング練習ではなく、ストレッチや体幹を鍛える体操、下半身スクワット
など室内にて数分で済むもので、息があがる程度の負荷はかけるようにした。食
生活も工夫し、たんぱく質を意識的に摂るように努めた。こうした生活により、
身体の充実度が徐々に増す感覚を得ながら本番を迎えることができた。

　あわせて試みたのが「ランニング仲間づくり」である。ゼミ生や卒業生、大
学の教職員などに声をかけると、10名以上が走ってみたいと名乗り出てくれた。
この面々とは、大学で顔を合わすとシューズや服装の準備のことから走り終えた
後の懇親会の段取りまで話は尽きず、「一緒に走る」という約束的な行為が人間
関係の円滑化の機能も果たした。いざ本番を走り終えると、爽快感や達成感とい
うべき快い感情はたしかに湧き出でて、ランニング仲間の存在はそれに輪をかけ
てくれたようである。懇親会の席では、次は10kmに挑戦、いやこれ以上は無理、
などの話にも花が咲いた。

　「ウェルネス」を「個々の心身の健康を基盤に、社会との良好な関係を含め、
『豊かなライフスタイルを愉しみ、幸せな人生を目指している状態』」とみなすと
（第1章詳述）、ランニング大会参加という筆者のささやかな行いも、「スポーツ
経験」という刺激介入による「ウェルネス」の発動の一端ではないかと自覚する
ところである。本書では、そうした「スポーツによるウェルネス発動」の諸側面
を、個人・集団・社会の切り口から透過することを試みる。

　第1章「これからのウェルネスとスポーツの役割」では、「ウェルネス」の概
念の変遷を辿りながら操作的定義を形づくる。また、ヘルスケア産業とは趣意が

異なるウェルネス産業市場の特徴や成長性を概観し、同市場の構成要素のひとつと位置付けられる「スポーツ」は、そのいかなる機能や役割を担いうるものかを考察する。

　第2章「余暇・自由時間とウェルネス　―シリアスレジャーと自由時間政策から考える―」は、余暇・自由時間政策に注目し、ウェルネスやウェルビーイングへのつながりを検討する。その過程で、自己管理の度を高めながらウェルネス状態に自らを近づける「シリアスレジャー実践者」に注目し、「カジュアルレジャー」との対比も織り交ぜながら、一連の余暇・自由時間の政策的帰結と課題展望を整理する。

　第3章「パリ市民のスポーツウェルネスなライフスタイル　―パリ・プラージュからオリンピックへ―」では、パリ市民が日常生活に「スポーツウェルネス」を取り入れている様相を検証する。パリ市民は各人の創意工夫によりウェルネスなライフスタイルを享受している印象を受けるかもしれないが、実は綿密な都市計画により生まれた公園、庭園、森、広場、セーヌ河岸などの公共空間の整備と活用、さらには行政主催の「パリ・プラージュ」の展開のもとで、スポーツの要素を取り入れたウェルネスの活動ができる環境が整っている点を明らかにする。

　第4章「スポーツ経験とウェルネス・ウェルビーイングの関連性　―Jリーグの社会連携活動と観戦行動の事例から―」では、「するスポーツ」として「ウォーキングフットボール」の体験とそこから獲得するウェルネスの質に関する仮説的探索を試みる。「見るスポーツ」の側面では、Jリーグ観戦と幸福感との因果関係の考察をもとに、総じて個人や集団によるスポーツ経験とウェルネス・ウェルビーイングの関連について、「ひとり」よりも「みんなで」行うスポーツ経験の比較優位性を示唆する。

　第5章「スポーツがメンタルに及ぼす効果　―アシックス社「Uplifting Minds Project」による検証―」は、専用アプリの表情解析の技術をもとに、個人による運動・スポーツ実施前後でのメンタル高揚の程度や特徴、属性比較、最適な運動時間の検証などを国際的研究プロジェクトとして進めた成果を報告する。従来、メンタル高揚感はアンケートやインタビューによる主観的な調査手法が主流であったところ、生体データ解析による新たな研究領域を切り拓くものである。

　本書の狙いのひとつは、スポーツとウェルネスに関する動向をつぶさにみることにあるが、その営みを通じて、個人の価値観や社会関係・ネットワーク、産業構造、政策形成・実施のあり方まであらゆるものが変容のただ中にあることを再

認識させられる。それはまさに「スポーツとウェルネスのイノベーション」から
創出されるものであり、そのプロセスの本質に迫り、新たな時代の生き方を照射
するものとなることを願いたい。

2023 年 3 月　　菅　文彦

スポーツとウェルネスのイノベーション

CONTENTS

第1章

これからのウェルネスとスポーツの役割

植田真司

本章では、健康に留まらず、幸福感、生きがい、人間の成長など基礎的な知識と、スポーツとウェルネスとビジネスの関係を総合的に学修できるようにした。また、ウェルネスビジネスを「人を幸せにするビジネス」と定義し、ウェルネス関連ビジネスで活躍できる人、ビジネスを創造できる人を育成することを目標とした。

1. ではウェルネスとは何か？　ウェルネスの定義、ヘルスケアやウェルビーイングとの違い、ウェルネス産業の概要や市場動向など、心身をより良い状態にし、幸福を感じるには何が必要なのか、ウェルネス産業の関連について説明する。

2. ではスポーツの価値・役割について、スポーツにはどのような役割があるのか。またどのようにウェルネスと関係しているのか。人間にとってなぜ運動が必要なのか。行動変容するにはどうすればよいのかについて言及する。

3. では健康経営＝ヘルシーカンパニーについて、健康経営のメリット、生産性の向上など健康であることが如何にビジネスに影響するのか。また、個々のパフォーマンスの高め方、運動、睡眠、栄養について説明する。

4. では多様化するフィットネス市場について、どのようなフィットネスビジネスが生まれているのか？　新たなビジネスモデルについて説明する。

5. では、ウエルネスビジネスを創造するうえでの注意点とポイントについて説明する。

1.　ウェルネス（wellness）とは何か？

1.1 ウェルネスとは

「ウェルネス（wellness）」とは、英語をカタカナ表記したもので、元気に、爽快に、上手に、満足に、を意味する「well」に、「ness」を付け名詞へと変化させたもので、「よりよく生きようとする生活態度」を意味する。「病気」を意味する「illness」とは対照的な言葉である。

身体の健康だけでなく、ライフスタイル、生き方などを総合的に捉えた概念で、米国の医師であるハルバート・ダンが、1961 年に「輝くように生き生きしている状態」と提唱したのが最初の定義とされている。

1947 年に WHO（世界保健機関）憲章で「健康」の定義を、「健康とは、病気でないとか、弱っていないということではなく、肉体的にも、精神的にも、そして社会的にも、すべてが満たされた状態にあること（日本 WHO 協会訳）」とし

ているが、「ウェルネス」とは WHO の「健康」に対する健康観に、さらに幸福観を取り入れたものといえる。

　その後も、世界中の研究者らがさまざまな定義を行っており、人種、国、宗教、言語や社会情勢、時代によって人々の価値観は変化し、その概念も変化している。

　国内での定義としては、琉球大学の荒川雅志は、「身体の健康、精神の健康、環境の健康、社会的健康を基盤にして、豊かな人生、輝く人生を実現すること」としている。（荒川，2017）また、新しい健康観、新しいウェルネスを説明する言葉として「何かに没頭している」「熱中している」「生き甲斐を見つけている」などが使われ始めている。

　以上のことから、ウェルネスとは、社会情勢、人々のライフスタイルや価値観の変化によって、その定義も変化するが、個々の心身の健康を「基盤」に、社会との良好な関係を含め、「豊かなライフスタイルを愉しみ、幸せな人生を目指している状態」がウェルネスといえる。

1.2　ウェルネスとヘルスケアの違い

　病気ではない状態を、一般的に「健康」＝「ヘルス（health）」としており、健康になる、健康を維持することがヘルスケアであるのに対して、健康であることは、豊かな人生、輝く人生を手に入れるための手段・基盤であり、心身の健康だけでなく、ライフスタイル、生き方など、幸せな人生を目指している状態がウェルネスといえる。

　ヘルスケア＝心身の健康、病気ではない状態

　ウェルネス＝健康＋幸せな人生を目指している状態

ウェルネスとウェルビーイング（Well-being）の違い

　ウェルビーイングは、英語の well の語尾に being が付くことで、一時的でない well な状態（健康かつ幸福な状態）を表しており、基本的には、健康でありかつ幸福な状態を表す意味だが、二つの使われ方を見ていると、ウェルビーイングは、心身ともに健康で幸福な状態である結果、ゴールとして使われている。一方、ウェルネスは、心身ともに健康で幸福な状態を目指している過程、プロセスとして使われているようだ。

　また、ウェルビーイングは、1947 年頃から医療や福祉の分野で使われていたが、「良い状態」を表し、「幸福」という意味を持っていなかった。1980 年以降に心

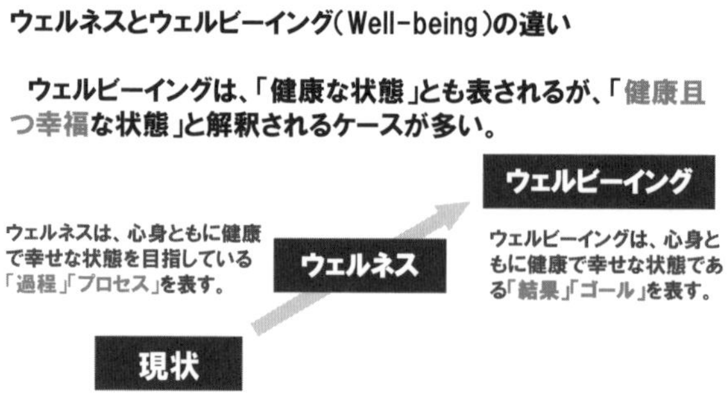

ウェルネスとウェルビーイング（Well-being）の違い

ウェルビーイングは、「健康な状態」とも表されるが、「健康且つ幸福な状態」と解釈されるケースが多い。

ウェルビーイング

ウェルネスは、心身ともに健康で幸せな状態を目指している「過程」「プロセス」を表す。

ウェルネス

ウェルビーイングは、心身ともに健康で幸せな状態である「結果」「ゴール」を表す。

現状

図1　ウェルネスとウェルビーイングの違い

理学の分野で主観的ウェルビーイングを「幸福度」として使うようになったようだ。

1.3　ウェルネス産業の概要

　ウェルネス産業とはどのような産業か、米国の経済学者ポール・ゼイン・ピルツァーは、著書「健康ビジネスで成功を手にする方法」の中で、ウェルネス産業とは「疾病ビジネス」と違い、健康増進や老化の遅延、病気の予防のための製品やサービスを提供するものとして、健康食レストランなどもあげている。しかし、今では、遊びやフィットネス、娯楽産業も含み、より楽しく、より美しく、より豊かな人生を目指す製品やサービスといえる。

　さらにヘルスケア産業が、シニア・高齢者層を中心とした産業で、すぐれない体調を改善したい、悪いところを治療したいなど、マイナスの状態をニュートラルな状態にする産業で、市場の縮小が理想であるのに対して、ウェルネス産業は、もっと体調を良くしたい、より健康で幸せになりたいなど、ニュートラルな状態をさらにプラスの状態にする産業で、市場の拡大が望まれる。ヘルスケア産業を、後ろ向きな、消極的な産業、ウェルネス産業を、前向きな、積極的な産業という人もいる。

　人を楽しませ、幸せにし、ストレスの発散につながるなら、ディズニーランドやUSJ、スポーツ観戦もウェルネス産業といえる。健康観を超えた新しいウェルネスビジネスの創出に期待がかかる。

成長するウェルネス産業の動向

　今や、持続可能な開発目標（Sustainable Development Goals: SDGs）が注目を浴びているが、以前から、ロハス（LOHAS）*、スローライフ*、オーガニック、マインドフルネス、クリーンエネルギー、地産地消、エシカル消費など、サステナビリティ志向で健康や環境を重視する消費者層が確実に増加しており、ウェルネス産業の成長に大きな影響を与えている。

ロハス（LOHAS）とは

　1998 年にアメリカの社会学者ポール・レイと心理学者のシェリー・アンダーソンが提唱した新しい生き方で、Lifestyles of Health and Sustainability の頭文字をとった略。健康と持続可能な社会生活を心がけるライフスタイルのこと。日本に伝わったのは、2002 年に開催されたシンポジウムが始まりとされている。

スローライフとは

「大量生産、効率」を優先するファストフードに対して、「地元の食材と文化を大事にした丁寧な料理」を優先するスローフードは 1989 年にイタリアで始まり、その考え方を暮らしの全般に取り入れたものがスローライフである。スローライフとは「人生を自分らしく無理しないで楽しむ」ライフスタイルといえる。

ウェルネス産業市場と規模

　世界ウェルネス機構（GWI）が 2021 年 12 月に発表したレポート「The Global Wellness Economy: Looking Beyond Covid」によると、成長を続けていたウェルネス市場だが、コロナ禍の影響で、2020 年は 4.4 兆ドル（前年比−11％）とマイナスに転じたが、消費者の意識に感染予防や健康を重視する「価値観のリセット」が起きたことで、2021 年には再びパンデミック前の 5 兆ドル規模に回復し、2025 年までに 7 兆ドル規模まで拡大すると予測している。

　また、ウェルネス市場を 11 に分けた各分野の規模は以下の通りである。
「Personal Care & Beauty（パーソナルケア＆ビューティ）」（9550 億ドル）、
「Healthy Eating, Nutrition & Weight Loss（健康的な食事、栄養とダイエット）」（9460億ドル）
「Physical Activity（フィットネス＆ボディ）」（7380 億ドル）
「Wellness Tourism（ウェルネスツーリズム）」（4360 億ドル）

「Traditional & Complementary Medicine（相補代替医療）」（4130 億ドル）

「Public Health, Prevention & Personalized Medicine（予防医療、オーダーメイド医療、公衆衛生）」（3750 億ドル）、

「Wellness Real Estate（ウェルネス不動産）」（2750 億ドル）、

「Mental Wellness（メンタルウエルネス）」（1310 億ドル）、

「Spas（スパ）」（680 億ドル）、

「Thermal/Mineral Springs（温浴、温熱、温泉）」（390 億ドル）、

「Workplace Wellness（職場環境の健康）」（490 億ドル）。

1.4 ウェルネス産業の関連産業の説明

「職場環境の健康」と「フィットネス＆ボディ」は後ほど詳しく述べるので、「パーソナルケア、ビューティ」「健康的な食事、栄養とダイエット」「ウェルネスツーリズム」について説明する。

1.4.1 パーソナルケア＆ビューティ市場

　美容と老化防止、若返りをコンセプトにした、食料品、サプリメント、医薬品、化粧品など様々な商品やサービスが提供されている。最近では、「アンチエイジング＝抗加齢」ではなく、「ジェロントロジー（Gerontology）」という言葉も使われている。「ジェロントロジー」とは、老人を意味するギリシャ語の geron に「学問・研究」の接尾辞 -logy がつながった言葉で、年齢を重ねて生じる変化をプラスにとらえ、医学や心理学、経済学や社会学など幅広い分野から研究する学問のことで、「老年学」ともいわれている。

　ジェロントロジースポーツ研究所では、年をとることのメリットに着目し、時間と資金が手に入り、工夫によっては若者以上にスポーツを楽しむことが出来るとしており、生物学的視点（加齢による身体的機能の低下）から積極的に身体機能の低下を防ぐ手法として、心理学的視点（心と知能の関係）から心と身体の調和、人間発達、パーソナリティ、適応能力を高めていく手段としてスポーツを推奨している。

1.4.2 ウエルネスフード・栄養・ダイエット市場

『健食サプリ・ヘルスケアフーズレポート 2021』によると、日本の健康食品・サプリメントの市場規模は 1 兆 3732 億円で、対前年 2.6% 減少した。コロナ 2

年目で、「男性 30-50 代の購入金額」が急増、「体脂肪抑制」ニーズと市場が特に拡大している。

　また、日本のヘルスケアフーズ市場規模（健食・サプリ含む）は 2 兆 6465 億円となり、ヘルスケアフーズの利用者は、「一般的な食品・飲料」43.2% がトップ。以下、「生鮮食品」41.8%、「一般的な健康食品やサプリメント」34.5%、「医者の薬」26.6% となった。

　ヘルスベネフィット別にみると、「健康維持／体力増進」、「美肌・肌ケア」、「栄養の補給・栄養バランス」、「風邪などの感染症予防・免疫力改善」、「疲労回復」が特に大きく、それぞれ 1 兆円以上の市場規模がある。以下、「痩身・減量（ダイエット）」、「筋肉強化」、「骨・関節の健康」が大きい。

　ダイエット市場では、内食、中食、外食、スイーツ、ドリンク、サプリ、エクササイズ、スポーツジム、書籍、セミナー、ファッションなどがあげられる。

　ちなみに、日本の健康ブームは、1964 年の東京オリンピックの影響を受け、1960 年代に各地にスポーツクラブやスイミングスクールがオープンしたことがきっかけと言われている。また、日本のダイエットの始まりは、高度成長期に入り日本人の栄養状況が良くなり、肥満が問題視されるようになった 1950 年代後半ぐらいに始まり、当初は「サウナ」がブームになったようである。

1.4.3　ウェルネスツーリズム市場

　ウェルネスツーリズムでも、ホテルがウェルネス関連のサービスや、地元の自然環境を活用したエコツーリズムなどの提供を行っている。

　具体的には、旅先で温泉、ヨガ、瞑想、健康食などを通して、心と体の健康に気づくサービスや、地元の資源に触れ、新しい発見やリフレッシュを目的としたサービスがあげられる。

　世界中で行われているウェルネスツーリズムのほぼ半数がスパツーリズムであるといわれており、有名なスパツーリズムとして、ドイツのクナイプ療法について説明する。

　クナイプ療法とは、ドイツ・バイエルン州の神父であったセバスチャン・クナイプ（1821 ～ 1897）によって、100 年以上も前に提唱された伝統ある療法である。温冷水浴による「水療法」、栄養などのバランスのとれた食事を摂る「食事療法」、森林散策や乗馬による「運動療法」、ハーブや薬草を使った料理・入浴・アロマテラピーなどの「薬草療法」、心や身体と自然との調和を図る「調和（秩序）療法」

を数日間かけて体験し、自然の力を利用して人間のもつ自然治癒力を最大限に引き出すことを目的としている。

また、ツーリズムにおいて人々を惹きつける4条件として、「気候」「自然」「食」「文化」があげられるが、わが国では、①温暖で四季をもつ情緒豊かな「気候」、②美しい海・山と世界有数の温泉（温泉地数3,155ヵ所と源泉数28,000）などに恵まれた「自然」、③世界無形文化遺産に登録された、健康に良い和食や、世界で高く評価されている発酵技術などの「食」、④信仰・思想・学問・武道・芸能・芸術・楽器など独自の多彩な伝統を持つ「文化」、また、世界に知られている伝統的な武道として、柔道、相撲、剣道、空手道、合気道、弓道、薙刀（なぎなた）などがあり、日本は優れた資源を有している。

2. スポーツの価値役割

ウェルネスは、もっと体調を良くしたい、より元気でいたいなど、健康を基盤に、より豊かにイキイキと幸せに生きることである。心身の健康だけでなく、遊び、教育、仕事（経済）、社会（地球環境）など総合的に捉える必要があり、QOLを高めるためにはスポーツが必要不可欠であると考える。

現在、健康問題、環境問題など、スポーツを通じて問題解決できると考えるからである。

例えば、医療費に40兆円以上が使われている一方で、健康維持や予防には、10兆円に満たないとされている。そこで、運動をすれば、医療費の削減と生活習慣病の改善につながり、健康寿命を延ばすこともできる。

ここで運動とスポーツの違いを説明しておきたい。運動は、ただ単純に身体を動かすことである。運動は重要であるが、単純な運動は飽きるし続かない。そこで、運動に目的や目標を持たせたり、ルールをつくってゲーム化し、競争したり、運動を楽しく継続できるようにしたものが、スポーツであると考えている。

では以下に、スポーツの役割を、遊び、教育、健康、経済、社会に分けて説明する。

2.1 遊び

スポーツ（sports）の語源は、ラテン語のdeportareで、「仕事から離れる」「気分転換」を意味し、ストレスの発散などに役立つ。本来のスポーツとは、競技ス

ポーツではなく、生涯スポーツである。

　スポーツする人を、欧米では「プレイヤー＝スポーツを楽しむ人」というが、日本では「選手＝選ばれた人」というために、スポーツ＝競技スポーツと考えている人が多いようである。正しくは、生涯スポーツの中に、競技スポーツ、遊びのスポーツがあるのである。

　また、「体育」と「スポーツ」は異なるが、同じと解釈している人がたくさんいる。

　ちなみに、「スポーツマン」には、「スポーツが好きな人」という意味だけでなく、「信頼に足りる人（Reliable）」という意味でも使われている。

2.2　教育

　イギリスでは、上流階級の子どもが通う学校で、倫理や道徳の規範修得を目的に、フットボールやクリケットなどのチームスポーツを導入していた。

　ジョン J. レイティ著の「脳を鍛えるには運動しかない！」によると、運動で脳が発達する事例として、アメリカ・イリノイ州ネーパーヴィル・セントラル高校の実験を紹介している。

　この学校区では、1 時限目の前に「0 時限体育」という授業が行われている。授業の目的は、競技能力の向上ではなく、健康のために何をすべきかを教えること。どれだけの時間を目標心拍数（最大心拍数の 80 ～ 90%）に達していたかによって成績がつけられる。スポーツができなくても、平均心拍数を保てば「A」の評価がもらえる仕組みである。

　その結果、生徒 19,000 人は、全国一健康になり、さらに、国際比較するテスト「TIMSS」で、理科世界 1 位、数学は世界 3 位になった。ちなみに、米国の平均は理科が 18 位、数学が 19 位である。明らかに、運動を継続することで、健康と学力を手に入れたことになる。

運動すると、アイデアが生まれる。

　足を動かすと血の巡りが良くなり、脳に酸素がいきわたる。昔から、西洋では、歩くとアイデアが生まれるといわれており、適度な運動は身体だけでなく頭にもよいのである。

　最近の研究によると、読書や囲碁・将棋など座ったままの状態では、脳の一部しか使っていないことがわかっており、筋肉を動かすことは、脳を活用すること

と同じ効果があるという。むしろ、筋肉を使わないでいると、脳への刺激が減り、結果的に脳の働きが悪くなると言われている。「頭」だけでなく「身体」を使うことで、脳をバランスよく活性化できるのである。

　古代ギリシャ時代のアリストテレスは回廊を歩きながら講義することが哲学者のステータスであるとしていた。アリストテレスの師であるプラトンも、オリーブの樹の下を遊歩しながら講義しており、その習慣を受け継いだようである。さらに、プラトンの師であるソクラテスも歩いて問答したことで知られ、ギリシャ哲学は歩きながら生まれたといわれている。

　日本でも、京都の「哲学の道」は、京都大学の哲学者・西田幾多郎（きたろう）や田辺元（はじめ）らが好んで散策し、思いを巡らせたことから名付けられた。歩くことでアイデアが生まれるのである。

　以上のことから、運動またはスポーツをすることで、「知育・体育・徳育」に効果があることが分かる。

2.3　健康

　WHO（世界保健機関）は 2018 年 2 月に、「運動不足は、世界的な死亡の主要なリスク要因のひとつであり、運動不足は、心血管疾患、がん、糖尿病などの非感染性疾患（NCD）のリスク要因である」と運動不足が死亡リスクの要因になると発表した。

　また、日本の昔のことわざにも、「運動は、百薬の長」「病は足から」「老化は足から」など、足が衰えてくると、運動量が減り、血液循環が悪化し、脳への刺激も少なくなり、脳の働きも鈍くなることを示している。

　西洋のことわざには、「二本の足は、二人の医者」があり、この二人の医者とは脳外科医と循環器の専門医を指している。古代ギリシャの医学の祖ヒポクラテスも、「歩くことが最良の薬」という言葉を残している。人間は動くことで、健康を維持していることが分かる。

　また、運動は、うつにも効果があることが分かっている。1999 年にデューク大学のブルメンタール教授らが、3 つのグループに分けてうつ改善の効果を確認する実験を行った。(a) 抗うつ剤を投与するグループ、(b) 運動をするグループ、(c) 併用するグループの 3 つである。運動は、4 ヶ月間、週 3 回、30 分の適度なジョギングまたはウォーキング（70％ から 85％ の強度の有酸素運動）で、結果はいずれも 60％台の改善だった。しかし、その 6 ヶ月後、各グループの状況を

調査すると、(a) は 38%、(b) は 8%、(c) は 31％が再発していたことが分かった。この実験からは、運動のみのグループが最も効果的であることが明らかになった。

　わが国には 100 万人以上のうつ病患者と、うつ病ではないがうつの症状に苦しむ多くの人にとって、数ヶ月間週 3 回の運動を継続するだけで、うつ症状が改善されるのは朗報である。

2.4　経済

　大阪を中心とする関西は、スポーツ用品産業のメッカであり、1906 年にミズノ創業者の水野利八が大阪でスポーツ用品店を開業したのが始まりであるとされている。その後、アシックス、デサント、ゼット、SSK など、大阪や神戸で、多くのスポーツメーカーが開業している。（図 2）

スポーツメーカーの集積地

スポーツメーカー・卸の上場企業7社の内4社が大阪、神戸に本拠地を置いて、世界のトップレベルのスポーツ用品・用具の研究・開発をしている。

社名	主たる本社	売上連結(2021年度)
アシックス	神戸市	4041億円＊
ミズノ	大阪市	1727億円
グローブライド	東京都	1207億円
デサント	大阪市	1089億円
ゴールドウイン	東京都（富山県）	982億円
ヨネックス	東京都（新潟県）	745億円
ゼット	大阪市	448億円
参考		
エスエスケイ（非上場）	大阪市	448億円＊＊
シマノ	堺市	5465億円＊
住友ゴム工業スポーツ事業本部	神戸市	1016億円＊

＊2021年12月　＊＊2021年7月

図 2　スポーツ関連上場企業の一覧

　関西にスポーツ産業クラスターを形成しているその背景には、「東洋のマンチェスター」と呼ばれるほど綿紡績業が盛んであったこと。新聞各社が、スポーツ大会を開催したこと。鉄道会社が、沿線に競技場をつくり、プロ野球チームを所有したこと。神戸で、靴の技術が発達したこと。奈良では、野球グラブやスキー靴の生産などが、盛んであったことなどが挙げられる。

　さらに、スポーツ産業市場は、今後伸びると考えている。なぜなら、今後イキイキとした豊かなライフスタイルを手に入れるためには、医療市場が縮小し、健康増進市場が拡大する必要があり、スポーツ産業に大きな期待がかかっているからである。

また、スポーツ産業は「ハブ産業」であり、図3のようにあらゆる産業とつながっているからである。

スポーツ　×　産業分類　＝　スポーツ産業分類

スポーツ	建設業	スタジアムの建設、グランドの施工
	製造業	スポーツ用品製造、スポーツ飲料製造
	情報通信業	スポーツ新聞、ＴＶ放送、スポーツ出版業
	卸売業, 小売業	スポーツ用品の卸、スポーツ用品販売
	金融業, 保険業	スポーツ傷害保険業
	宿泊業, 飲食サービス業	スポーツカフェ、スポーツホテル
	生活関連サービス業	スポーツ旅行業、スポーツ施設提供、広告代理業、警備業、スポーツ協会団体
	教育, 学習支援業	高校、大学、専門学校、スポーツ塾
	医療, 福祉	スポーツ整形外科、鍼灸、柔道整復

図3　スポーツ産業の説明（植田が作成）

　スポーツ庁も、スポーツ産業は、2012年の5.5兆円から2025年には15.2兆円になると予測している。現実は、コロナによる影響で、市場拡大は遅れているが、ウェルネス時代の波に乗り、今後は飛躍的に拡大すると考えている。

2.5　社会（平和・環境）

　スポーツは、世界共通のルールで行われており、人種、世代、地域、国、言葉、習慣などの壁を乗り越えて、人と人の『架け橋』になる。平和の象徴である。

　また、古代ギリシャのオリンピアの祭典が、4年に1度、戦争を中止して開催されたことから、1896年に始まった近代オリンピックは、平和の祭典といわれている。また、近代オリンピックの理念は、「スポーツ・文化」の2本柱から、1990年に環境が加わり、「スポーツ・文化・環境」の3本柱になり、1998年の長野オリンピックは「環境五輪」といわれ、今回の2020東京オリンピックは「SDGs五輪」といわれ、スポーツ業界は環境に力を入れていることが分かる。

　ミズノ創業者の水野利八も、「スポーツ産業は、聖業である」といっており、スポーツは、健康や教育や環境に貢献する産業であるといえる。

2.6　運動・スポーツが必要な理由

　なぜ運動しないのか？　その理由の多くは、「時間がない」「場所がない」である。

本当にそれが原因で運動しないのだろうか。ゲームをするとき、ドラマや映画を観るときは、自ら時間をつくり取り組んでいる。運動しない本当の原因は、運動の優先順位が低いからであり、運動の重要性・メリットに気づいていないからと考えられる。運動が如何に健康や QOL に影響しているのかに気づき、実際に運動を実施し心地よさを感じ、目標を持って楽しく運動を継続すれば習慣になるはずである。

　運動が楽しくないのは、単調だからである。だからこそ、1 日 6,000 歩の目標や、仲間と一緒に歩く、マラソンや水泳大会、テニス大会に出ることを目標にすることが有効である。まさに、単純な運動を継続するために、目標をつくり、ルールをつくりゲームにしたのがスポーツである。

　ここでは、なぜ運動が必要なのかを説明したい。

　クリストファー・マクドゥーガル著の「BORN TO RUN 走るために生まれた」には、「弓矢（2 万年前）、槍（20 万年前）のない時代にどうやって狩猟していたのでしょう。獲物が倒れるまで走り続ける持久狩猟という方法です。汗腺で体温を冷やせる人間は、全ての動物で最も長い時間、走り続けることができる動物です」と述べている。

　ジョン J. レイティ著の「GO WILD 野生の体を取り戻せ！」には、「進化のルールに照らせば、現代人のライフスタイルは、人間としての健康や幸福につながらない。文明が進み、スマホやパソコンの OS がどんなにアップデートされようとも、あなたの体は 20 万年前から変わらない〈人類 1.0〉のまま。そもそも野生の体には、ガンも鬱も肥満も高血圧もない。人間の体と心が本来持つ治癒力を使い、現代生活の痛みやストレスから逃れて健康と幸せを手に入れるために、ライフスタイルを再び野生化させよう」と述べている。

　大川弥生著の「「動かない」と人は病む」によると、「体がだるくてボーっとする」「なかなか病気が治らない」のは年のせいではなく、実は「動かない」だけで生活不活発病にかかる可能性があるといっている。

　人間は、発汗作用に優れている生き物である。犬や猫は、口から水分を蒸散させて体温を下げる。馬や牛は、運動することでアドレナリンを放出し、アポクリン腺を刺激し汗を出して体温を下げる。象は、自分の身体に打ち水をして体温を下げている。

　すべての生物の中で、体温調節機能をもっとも発達させたのが人間であり、我々人類は、走ることでこれらの機能を手に入れたといわれている。しかし、今では

各家庭にエアコンがあり、この体温調節機能が衰えつつある。それでいいのだろうか？　よく考える必要がある。

3.　健康経営＝ヘルシーカンパニーと従業員満足について

3.1　健康経営とは

　ヘルシーカンパニー（健康経営）とは、米国の臨床心理学博士・経営コンサルタントであるロバート・ローゼン氏が提唱した、「経営管理」と「健康管理」を統合した企業戦略上の健康増進活動概念である。企業の収益は、従業員が活力をいかに発揮するかに依存しており、従業員、経営者は、自らが生活習慣を見直し、健康的な生活をすることが望まれる。

　体調や人間関係が改善し、休むことも少なくなり、頭の回転や仕事の質が向上すれば結果として、業績向上、医療負担の軽減にもなる。

　しかし、疲れ、体調不良、寝不足、頭痛、めまい、飲み過ぎ、食べ過ぎ、不安、心配、イライラ、人間関係、不満などが原因で、我々は、本来持っている能力の一部しか使っていないのである。

　実際に下記の図4のように、アブセンティーイズム（病欠）が4.4％、プレゼンティーイズム（疾病就業）が77.9％であり、病欠よりも疾病就業のほうが経済的損失は大きくなっている。

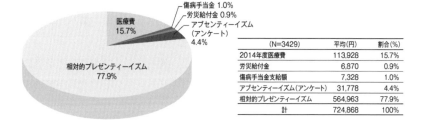

図4　職場の経済的損失の比率と金額
出典：厚生労働省保険局　コラボヘルスガイドライン p.35

　健康経営で望まれるのは、自らの生活習慣を見直し、健康的な生活をすることだけではなく、従業員の心を重視し、仲間と「語り合うこと」「つながること」で信頼関係を構築することである。

「心理的安全性」の確保である。これらを準備できている企業では、欠勤、事故やミスなどの損失が減少し、職場環境も改善され、生産性も向上しているのである。

　従来の健康経営は、従業員の健康を目標に取り組んできたが、これからの健康経営は、従業員の健康＋幸せを目標に取り組む必要がある。なぜなら、最近の研究で、従業員の「幸福観」が仕事の生産性に影響することが分かったからである。

健康経営（ヘルシーカンパニー）から健幸経営（ウェルネスカンパニー）へ

　ミシガン大学のポジティブ組織研究センターのグレッチェン・スプレイツァー教授は、幸福度が高い社員は、満足感が高いだけでなく、より高い業績を達成するために熱意を持っており、上司からの評価も高く、組織へのコミットメントも高く、仕事への満足度も高いという。

　ショーン・エイカー著のレポート「PQ：ポジティブ思考の知能指数」の中で、幸福感とパフォーマンスの関係において「幸福度の高い社員の生産性は、平均で31％、売上は37％、創造性は3倍高かった」と述べている。

　また、ショーン・エイカーの著書「幸福優位7つの法則」によると、「成功すると幸福になるのは誤解であり、幸福を感じていると成功確率が高まる」と述べている。

　生産性が高いから幸福なのでなく、幸福だから生産性が高くなるのであり、幸せな社員が増えるほど企業は繁栄する時代へ変化していくだろう。これからは、従業員の健康と幸福を考える「健幸経営」を目指す必要がある。

3.2 パフォーマンスマネジメント　運動・栄養・休養

　個々のパフォーマンスを高めるために運動・栄養・休養のマネジメントが重要である。ここでは、食事と休養（睡眠）の重要性について説明する。

食事の大切さ

　釈迦は、『一切の疾病は宿食を本とす』（宿食とは、食べた物が消化しないで胃の中にたまること）といい、全ての病気は誤った食生活が原因だとし、病気の

際には断食と祈りを行うように指導した。古代ギリシャの医学者ヒポクラテスは『食では治らない病気は医では治らない』といった。

1975年フォード大統領は、ジョージ・S・マクガバン上院議員を委員長とする栄養問題特別委員会を設置し、マクガバン・レポートとして公表した。その内容は、アメリカ人の食生活において、諸々の慢性病は肉食中心の誤った食生活がもたらした食原病であり、薬では治らないとし、大量の脂肪、砂糖、食塩が心臓病、がん、脳卒中など命を奪うと指摘した。これ以降、アメリカでは食事を通じて病気を予防する研究や取り組みが盛んになったが、このときに世界の食の中で日本食が、最も健康に良い食事として取り上げられたのである。

睡眠の大切さ

睡眠不足になると、パフォーマンスが低下する。例えば、身体の諸器官（心臓、肝臓、膀胱等）の機能不全、気分・状態の変化（怒りっぽくなる）、感覚・運動能力の低下（集中力や素早い反応の欠如）、倦怠感、極度の疲労等が生じる。さまざまな研究によると、睡眠は不活動な状態ではなく、むしろ非常に活動状態にあるという。

米国スタンフォード大学睡眠研究所のウィリアム・C・デメントとシェリー・マーは、運動能力を向上させるための睡眠研究の結果、長く眠ると、本来の運動能力が発揮されるという。

例えば、大学のバスケットボール・クラブの選手に、シーズン中の5〜7週間、毎日10時間眠るように指示して、運動能力がどのように変化するか調べた。その結果、睡眠延長実験の前後を比べると、運動能力と意欲は明らかに改善した。

- 282フィートダッシュ　　　　　　実験前：16.2秒→実験後：15.5秒
- フリースロー（10回中）　　　　　　7.9回→　　　　　　8.8回
- 3ポイントシュート（15回中）　　　10.2回→　　　　　11.6回
- 練習中のやる気（10点満点）　　　　6.9点→　　　　　　8.8点
- 試合中のやる気（10点満点）　　　　7.8点→　　　　　　8.8点

4. 多様化するフィットネス市場

4.1 フィットネス市場の動向

日本でフィットネスが行われるようになったのは、1964年の東京オリンピッ

クの後であり、全国各地でスイミングを愛する選手や指導者らが個別に「スイミング指導」を行ったのが始まりである。多くの企業がスイミングスクールから事業をスタートさせている。

1964 年　　東京オリンピック
1965 年　　民間スイミングクラブ登場
1969 年　　セントラルスポーツクラブ設立
1973 年　　NAS がオープン
1974 年　　ピープルがスイミングスクール 1 号店をオープン
1976 年　　セントラルスポーツも自社所有のスイミングスクールを開設
1978 年　　株式会社ピープル設立
1979 年　　株式会社ルネサンス企画設立
1980 年代　スイミングからフィットネスクラブへの業態転換
1990 年代　時間・空間別による会員種設置、営業時間の延長
2005 年　　カーブスが日本上陸
2006 年　　「BASI ピラティス」のスタジオをオープン　指導者養成コースを開講
2007 年　　ランニングブーム、ビリーズブートキャンプ大ヒット
2010 年　　エニタイムフィットネス 1 号店
2013 年　　ホットヨガ業態拡大
2014 年　　24 時間業態拡大
2016 年　　ライザップがスタート
2020 年　　新型コロナウイルス禍により、オンラインフィットネス拡大
2022 年　　ライザップがチョコザップをスタート

　上記の年表を見ると、図 5 のように、まず総合型のフィットネスが生まれ、つぎに 2005 年頃から中高年女性を対象としたサーキットトレーニングジムが広がり、同じような時期に若年女性を対象としたヨガ・ピラティスが拡大し、2010 年頃からは、若年男性を中心とした 24 時間フィットネスが拡大し、現在は、若年女性を中心に「オンライン・パーソナルジム」が拡大している。今後は、中高年男性を対象としたサービスが生まれそうである。
　フィットネス業界の動向を見ると、「高価格」から「低価格」へ、「集団」から「パーソナル」へ、「総合」から「目的別」へ向かっていると考えられる。従来の

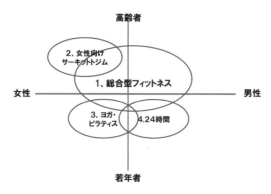

図5　年代と性によるポジションマップ（植田作成）

フィットネスクラブは、ジム、スタジオ、プール、風呂などが揃った高価格の総合型フィットネスであったが、現在は目的を明確にして無駄を省き価格を抑えた「24時間フィットネス（エニタイムフィットネスなど）」、「女性専用フィットネス（カーブスなど）」、さらにダイエットに特化した高価格の「パーソナルフィットネス（ライザップなど）」が拡大し、さらに高価格のパーソナルフィットネスを低価格で提供する「オンラインフィットネス」や「セルフフィットネス（チョコザップ）」、複合型として女性専用、24時間、パーソナルを満たした「複合型フィットネス（ファディー）」が注目されている。（図6）

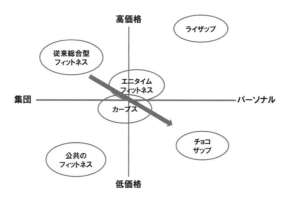

図6　価格とサービス内容のポジションマップ（植田作成）

特に注目するのは、パーソナルの「オンラインフィットネス」であり、通常は、緩やかに発展するが、コロナの影響もあり、2020年頃から一挙に拡大している。緊急事態宣言下で運動不足が拡大し、人々は健康を保つために運動が必須であることに気づき始めたと考えられる。

現在の多様化するフィットネス市場において、岡崎秀哉（2020）「フィットネス業界カオスマップ」を参考に下記のように8つのカテゴリーに分類できる。

総合型フィットネスクラブ

24時間ジム*

女性専用フィットネス

高齢者向けフィットネス

ヨガ・ピラティス*

コンセプト型スタジオ*

パーソナルトレーニングジム*

オンラインフィットネス*

*24時間ジム

365日24時間年中無休営業。全国にある施設も利用可能。いつでも、どこでも好きな時に利用できるので、出張が多い人や旅行好きな人には便利。

*ヨガ・ピラティス

ヨガは、インドを始まりとする仏教などの修行法の一つである。姿勢改善や筋力アップ、悟りを学ぶことを目的としており、単なる健康法ではなくリラクゼーションやうつ病の対策にも効果的といわれている。

ピラティスの特徴は、ドイツのジョセフ・H・ピラティス氏が戦争中に負傷した兵士のリハビリとして行った運動療法。正しい骨格を意識しながらインナーマッスルや肩甲骨周りの骨格筋に意識を向けて体幹の筋肉を鍛える運動。そのため、ピラティスの運動は骨格を意識しやすいようにマシンを使用。

*コンセプト型スタジオ

ストレッチサロン、暗闇フィットネスや、加圧、低酸素など特殊な環境や道具を使ってエクササイズを行うスタジオ。

暗闇フィットネスでは、暗闇バイク、暗闇ボクササイズ、暗闇ヨガ、暗闇キッ

クボクシング、暗闇トランポリン、暗闇筋トレなどがある。

＊パーソナルトレーニングジム

　利用者1人に専属トレーナー1人がつき、マンツーマンで指導を行うジムのこと。料金は、1時間1万円以上と高額であるが、トレーナーが利用者に合わせてメニューを組むなど、質の高いサービスを提供する。

＊オンラインフィットネス

　YouTubeなどのオンラインを使って無料で動画を配信するものから、zoomを使ってライブ配信するなど、自宅に居ながら様々なレッスンを受けることができるサービスを提供する。

4.2　カーブス、ライザップの戦略分析
4.2.1　50代以上女性を対象としたカーブス

　カーブスは、便利を追求した女性専用のフィットネス教室である。1回30分で終わるサーキットトレーニングが主で、低価格を実現するためにプールもスタジオも風呂もない。2005年に日本で1号店が開店し、2022年8月末現在1947店、会員数は75万人である。

　カーブスは米国で1992年に設立された。創業者は、予防の重要性に目覚め、一般的なフィットネスクラブを立ち上げたがうまくいかず、1992年に女性に特化したカーブスを設立した。女性に絞った理由は、当時は、男性が運動する場は多いが、女性が運動する場が少なかったからである。ちなみに、カーブスの名前は、女性の曲線美から名付けられた。

　ビジネスモデルは、他のフィットネスクラブにはない特徴がある。50歳代以上の主婦をターゲットと決めたため、立地も主婦が通いやすい場所、生活する近くに立地することであった。

　カーブスの営業時間は、平日10時から19時まで、土曜は13時までで、日曜祝日は休みである。一般のスポーツクラブとは逆に、休日は閉店である。あくまでも主婦がターゲットであり、日本独自のシステムである。

　また昼は、13時から15時まで休みであるが、1時間の昼食休憩の後は、マシンのメンテナンスや従業員のミーティングが行われている。

　山田英夫（2017）によると、カーブスのコンセプトは「運動習慣を広め、豊か

表1　フィットネスクラブとカーブスの比較

	総合型フィットネスクラブ	カーブス
顧客	老若男女	50 代以上主婦　　（女性のみ）
会費	8000 ～ 10000 円程度	6000 円前後
設備	ジム、スタジオ、プール、更衣室	油圧式マシン　　（鏡、更衣室なし）
施設面積	1000 ～ 3000㎡	約 120㎡
利用時間	1 ～ 2 時間	30 分
営業時間	平日 9:00 ～ 22:00 土曜 9:00 ～ 20:00 日曜 9:00 ～ 19:00 祝日 9:00 ～ 19:00	平日 10：00 ～ 19：00 土曜　10：00 ～ 13：00 日曜祝日は休み
立地	駅前、ロードサイド、商業施設内	自宅の近く　　（歩いて行ける）

な人生と社会の問題を解決すること」。そこで、カーブスは「3 つの M」を教室からなくした。

「No Men」、男性の目を気にせずに運動でき、スタッフも全員女性である。

「No Make-up」、メイクする手間が要らず、手軽に通える。化粧が落ちるほどの汗はかかない。2 つの意味がある。

「No Mirror」、ジムに鏡がなく、自分の体型を気にせず、運動に集中できる。

　これらの新しいコンセプトを考える方法として、ブルー・オーシャン戦略の考え方が有効である。「ブルー・オーシャン」とは、今はまだ存在していない市場や競争がない未知の市場のことを指しており、「レッド・オーシャン」とは、今日の産業すべて、既知の市場空間のことを言う。競争がない未知の市場＝新しい価値創造は、下記の「4 つのアクション」によって、つくることができる。

1. 取り除く：業界の常識とされる製品やサービスなどの要素で取り除けるものはないか？
2. 減らす：取り除けないのであれば、思いきり減らせる要素はないか？
3. 付け加える：業界でこれまでに提供しなかった要素で付け加えるものはないか？
4. 増やす：業界に比べ大胆に増やすべき要素はないか？

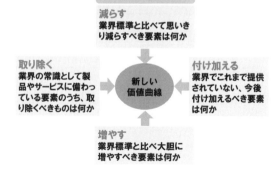

図7　ブルーオーシャン戦略の４つのアクション

4.2.2　高価格だが結果にコミットするライザップ

　従来のフィットネスクラブは、ジム（最新鋭のトレーニング機器）、スタジオ、プール（温水プール）、スパ（お風呂・サウナ）、最新鋭のトレーニング機器等の設備を強みに、設備の使用が顧客への提供価値であった。いわゆる「場所と機器を提供するビジネスモデル」であり、デメリットは、設備管理にコストがかかり、利益率が低くなることである。

　そこで、ライザップは、目的をダイエットに絞り、空間や機器を最小限にし、専門知識を持ったトレーナーがダイエットの成功を提供する、いわゆる「目的を達成させるビジネスモデル」に変えたのである。

　具体的に、コンテンツとマーケティングに分け戦略を紹介する。

　コンテンツ戦略１：ライザップは、「マンツーマン指導で、２ヶ月で約 10kg の体重を減らすダイエットを成功させる」という「結果」にコミットした。

　コンテンツ戦略２：成功するために、運動だけでなく、食事も徹底管理でダイエット成功率を高めた。ダイエット完遂率は 90％以上。そのため、食生活の指導のみならず、外食等での栄養管理も徹底した。

　コンテンツ戦略３：トレーナーとの絆でダイエットをあきらめさせない。ライザップのトレーナーは、かなりの競争率をクリアした人であり、専門知識はもちろん、コミュニケーション能力に優れた人材を採用した。

　マーケティング戦略１：顧客のトレーニング前と後の姿を見せることで、諦めていた顧客にやる気を起こさせた。さらに、よく知っている芸能人が変化する様

子を見せることで、嘘ではない、自分にもできると思わせることに成功した。

　マーケティング戦略2：**頭に残る広告音で、誰もがライザップのCMだと分かるようにした。**

　マーケティング戦略3：「引越するので通えない」「仕事が忙しく、時間がつくれなくなった」「思っていたプログラムと違った」「家族の介護に集中したい」「結婚することになった」「転勤が決まった」などに対応して、30日間の全額返金保証を導入した。

　ライザップのダイエットプログラムは、どれも特別なものではないが、他の業界で行われてきたプログラムを、フィットネスクラブに持ち込んだことである。従来の設備が強みでなく、トレーナーのサポート・絆が強みであり、トレーニングの知識を持ったトレーナーでなく、コミュニケーション能力の高いトレーナーを採用していることが画期的である。ライザップの戦略は、誰にもできないことを始めたのでなく、誰もがやらなかったことを始めたことといえる。

表2　ライザップのビジネスモデルキャンバス

キーパートナー	主要活動	価値提供	顧客との関係	対象顧客
広告代理店 プランナー	マンツーマン指導 トレーナー研修 プロモーション	2ヶ月で10キロのダイエット あきらめさせない スリムな体形	トレーナーとの絆、徹底管理	短期間で減量したい人 体形を変えたい人 健康意識の高い人
	主な資源 トレーナー 独自のプログラム		チャネル 独特のテレビコマーシャル	
コスト 人件費、広告費用、賃貸料		収入 2ヶ月40万、サプリやプロテインの代金		

5. ウェルネスビジネスのポイント

　ヘルスケアビジネスとは、人を健康にするビジネスであり、ウェルネスビジネスとは、人を幸福にするビジネスである。

ヘルスケア＝運動＋栄養＋休養
ウェルネス＝健康＋環境＋教育＋幸福

　ウェルネスサービスビジネスを企画開発する上で大切なことは、いかにその商品やサービスで幸せな生活を提供できるかである。

　例えば、世界幸福度調査（WHR）2020 年の上位を見ると、1 位フィンランド、2 位デンマーク、3 位スイス、4 位アイスランド、5 位ノルウェーと北欧諸国が多く含まれている。G7 ではカナダ 11 位、イギリス 13 位、ドイツ 17 位、米国 18 位、フランス 24 位、イタリア 30 位で、日本は 62 位である。他国から見た日本の客観的幸福度は上位にいるのに、日本人の主観的幸福度は、低いのである。

　我々は、モノやお金を所有すること、GDP が拡大することが幸福だと勘違いした結果ではないだろうか。

　決して、モノを所有すること、便利なモノがあることが幸福につながるわけではない。幸せになるために何が必要なのか、今一度考えてみたい。

　「『便利』は人を不幸にする」の著者佐倉統は、「科学技術は生活を便利にしたが、不安の方が大きい」という。

　「文明が不幸をもたらす」の著者クリストファー・ライアンは、「未文明の不便な生活を好む人もいる」と述べている。

　経済成長は、人間への影響だけではなく、地球環境や他の生物にも影響を与えた。ローマ・クラブは 1972 年『成長の限界』を発行し、「人口増加や環境汚染などの現在の傾向が続けば、100 年以内に地球上の成長は限界に達する」と警鐘を鳴らした。しかし、経済成長を優先し、大量の生産、大量の消費、大量のゴミを廃棄してきた。

　一見便利で魅力に見えるモノも、よく考えてみると害になることがある。便利な生活を手に入れた我々は、体を動かすことが極端に減少し、運動不足になり生活習慣病を誘発している。

　また、高層マンションは、景色が良く、親にとっては魅力的であるが、子どもにとっては、風が吹かない、周りの音が聞こえない、遊びに行かない、子どもを自然環境から遠ざけ、成長の妨げになっている。

　一方、不便なモノにも、よく考えてみると益がある。子どもにとって、田舎暮らしは、夜空の星、池や川の水がきれいで、多くの生物や動物に触れることがで

きる場所である。子どもたちは、田舎や自然の素晴らしさを大人に教えてくれる。

　京都大学元学長の山極寿一は、著書「人類は何を失いつつあるのか」の中で「人類は、何か大切なものを失っているのではないか？」といっている。

　上岡義雄は、著書「神になる科学者たち―21世紀科学文明の危機」の中で、「西洋の科学が、人間を棚上げして「目的と価値」を続けてきたことが、人類の危機を招いているのではないか」と、科学が自然を支配するのではなく、自然と共生することを提案している。

　最近の研究では、幸福は、健康だけでなく、人とのつながりも大切であることが分かってきた。「心理的安全性」「信頼関係」が重要視されている。

　エイミー・C・エドモンドソンは、著書「恐れのない組織」の中で、「心理的安全性」とは、組織の全構成員が臆することなく発言・行動できる状態で、「こんなことを言ったら否定されるかも？」「能力が低いと見られるかも？」といった不安などを感じずに業務に取り組める状態であると述べており、信頼、安心できる仲間とのつながりは、ウェルネスにとって、重要な要素である。

　ミスを責めない。むしろ仲間のミスをカバーする「助け合い」の文化は、スポーツに学ぶことができる。また便利な商品やサービスだけでなく、スポーツのように体を動かし、仲間とつながる新しい価値観が、ウェルネスを実現すると考える。これからのウェルネスにおいて、スポーツは重要な役割を担っているといえる。

引用文献
荒川雅志（2020）「成長するウェルネス産業市場」『商工金融』2020年5月号.
山田英夫（2017）「フィットネスのカーブス、幽霊会員をつくらずに収益を生む「逆転の発想」」
　　DIAMOND ONLINE　2017.6.6.　https://diamond.jp/articles/-/130679.　（参照日2017.6.21）

参考文献
荒川雅志（2017）「ウェルネスツーリズム〈サードプレイスへの旅〉」フレグランスジャーナル社.
クリストファー・マクドゥーガル：近藤隆文訳（2010）『BORN TO RUN 走るために生まれた―ウルトラランナー vs 人類最強の"走る民族"―』NHK出版.
クリストファー・ライアン：鍛原多惠子訳（2020）『文明が不幸をもたらす―病んだ社会の起源―』河出書房新社.
D・H・メドウズ，D・L・メドウズ，J・ランダース，W・W・ベアランズ三世：大来佐武郎監訳（1972）『成長の限界―ローマ・クラブ「人類の危機」レポート―』ダイヤモンド社.

エイミー・C・エドモンドソン：野津智子訳（2021）『恐れのない組織—「心理的安全性」が学習・イノベーション・成長をもたらす—』英治出版.

Global Wellness Institute (2021) The Global Wellness Economy: Looking Beyond COVID, Global Wellness Institute.

グレッチェン・スプレイツァー，クリスティーン・ポラス（2012）「幸福のマネジメント」『Harvard Business Review』2012 年 5 月号，ダイヤモンド社.

James A. Blumenthal, Michael A. Babyak, Kathleen A. Moore, W. Edward Craighead, Steve Herman, Parinda Khatri, Robert Waugh, Melissa A. Napolitano, Leslie M. Forman, Mark Appelbaum, P. Murali Doraiswamy, and K. Ranga Krishnan (1999) "Effects of exercise training on older patients with major depression" Arch Intern Med. Oct 25, Vol.159, No.19, pp.2349-2356.

Michael Babyak, James A. Blumenthal, Steve Herman, Parinda Khatri, Murali Doraiswamy, Kathleen Moore, W. Edward Craighead, Teri T. Baldewicz, and K. Ranga Krishnan (2000) "Exercise Treatment for Major Depression: Maintenance of Therapeutic Benefit at 10 Months" Psychosomatic Medicine. September 2000. Vol. 62, No.5, pp.633-638.

ジョン J. レイティ，エリック・ヘイガーマン：野中香方子訳（2009）「脳を鍛えるには運動しかない—最新科学でわかった脳細胞の増やし方—」NHK 出版.

ジョン J. レイティ，リチャード・マニング：野中香方子訳（2014）『GO WILD 野生の体を取り戻せ！—科学が教えるトレイルラン、低炭水化物食、マインドフルネス—』NHK 出版.

上岡義雄（1999）『神になる科学者たち—21 世紀科学文明の危機』日本経済新聞出版.

大川弥生（2013）『「動かない」と人は病む—生活不活発病とは何か—』講談社現代新書.

ポール・ゼイン・ピルツァー：白幡憲之（2017）「健康ビジネスで成功を手にする方法」英治出版.

ロバート・H. ローゼン：宗像恒次監訳, 産能大学メンタルマネジメント研究会訳（1994）『ヘルシー・カンパニー—人的資源の活用とストレス管理—』産能大学出版部.

岡崎秀哉（2020）「フィットネス業界カオスマップ　2020」https://sharez-gym.com/blog/fitness-chaos-map-2020/（2021.8.30）

佐倉統（2013）『便利は人を不幸にする』新潮社.

ショーン・エイカー（2012）「PQ：ポジティブ思考の知能指数」『Harvard Business Review』2012 年 5 月号，ダイヤモンド社.

ショーン・エイカー：高橋由紀子訳（2011）『幸福優位 7 つの法則—仕事も人生も充実させるハーバード式最新成功理論—』徳間書店.

山極寿一，関野吉晴（2018）『人類は何を失いつつあるのか—ゴリラ社会と先住民社会から見えてきたもの—』東海教育研究所.

第 2 章

余暇・自由時間とウェルネス

―シリアスレジャーと自由時間政策から考える―

青野桃子

1. はじめに

　本章ではスポーツとウェルネスの関係を考えるにあたり、ひろく余暇・自由時間に注目し、ウェルネス研究にどのような点が接合しうるのか検討していきたい。スポーツ分野で「時間」を主題とする研究は少ないが、実際のスポーツ参加では仲間・空間と合わせて「三間」（さんま）と呼ばれるほど重要な要素である。

　たとえば、2021 年度のスポーツの実施状況等に関する世論調査（スポーツ庁, 2022）によると、運動・スポーツの阻害要因としては、「仕事や家事が忙しいから」「面倒くさいから」「年を取ったから」との回答が多い。一方、運動・スポーツをする頻度が増えた人は、その理由について「仕事が忙しくなくなったから」と回答した割合が 1 番高く 25.4％、「テレワーク等で時間に余裕ができた」との回答も 11.4％にのぼっている。オリンピックレガシーの評価対象となっているスポーツ実施率向上のためにも、時間の問題に取り組む必要があると推察される。

　余暇・自由時間の問題は、これからの社会像にもかかわるものである。現代の気候危機への対応として注目を浴びている議論のひとつに「脱成長」があり、経済思想・社会思想家の斎藤幸平は『人新世の「資本論」』（2020）のなかで、その柱を解説している。第 1 の柱は「『使用価値』に重きを置いた経済に転換して、大量生産・大量消費から脱却する」こと、第 2 は「労働時間を削減して、生活の質を向上させる」こと、第 3 は「画一的な労働をもたらす分業を廃止して、労働の創造性を回復させる」こと、第 4 は「生産のプロセスの民主化を進めて、経済を減速させる」こと、第 5 が「使用価値経済に転換し、労働集約型のエッセンシャル・ワークの重視を」（斎藤, 2020：300-312）である。とくに第 2 の柱である「労働時間の削減」と「生活の質」が、余暇・自由時間とウェルネスの関係性を論じるうえでポイントとなってくる。斎藤の主張の背景には、「気候危機の時代に、より良い社会を作り出すための想像力を解放」すること（斎藤, 2020：7）があるが、「より良い社会」とはウェルネスが実現した社会ともいえるだろう。

　さらに、余暇・自由時間は現在各国で進行している長寿社会にも深く関係している。『ライフシフト：100 年時代の人生戦略』の著者のひとりであるリンダ・グラットンは内閣官房の「人生 100 年時代構想会議」（2017）の議員にも選出された。『ライフシフト』のなかから、余暇に関する議論を取り上げてみよう。

平均寿命が延び、無形の資産への投資が多く求められるようになれば、余暇時間の使い方も変わる。時間を消費するのではなく、無形の資産に時間を投資するケースが増えるだろう。レクリエーション（娯楽）ではなく、自己のリ・クリエーション（再創造）に時間を使うようになるのだ。「労働時間の節約は自由時間を増やす。つまり、個人の発達を完成させるための時間をもたらすのである」と、カール・マルクスも述べていた。リ・クリエーションは個人単位で実践されることが多く、一人ひとりが自分なりにリ・クリエーションとレクリエーションを組み合わせて余暇時間を形作るようになるだろう。過去100年間は、商業化された娯楽の消費活動を中心とするレジャー産業が台頭したが、今後は、個人レベルでの自己改善への投資活動に力を入れるレジャー産業が台頭するかもしれない。（グラットン，2016：312。以下引用部分の下線は引用者による）

　つまり、平均寿命が延びるにつれて、増えていくであろう余暇時間の使い方には工夫が必要であり、一人ひとりが余暇時間の使い方を構想し、時間の消費ではなく個人レベルの自己改善に向けて投資するようになるという。
　余暇時間の延伸とその活用方法については、余暇・自由時間に関する政策・研究において長年議論されてきた。しかし現在では、余暇・自由時間をめぐる争いは、誰が何と闘っているのかすら不明瞭になっている。このような状況を紐解いていくヒントとして、近年余暇研究で注目を集めつつある「シリアスレジャー」を紹介したい。その後、1980年代後半から現代にかけての日本における余暇・自由時間政策を詳述し、ウェルビーイングへの政策的注目を確認する。そして、余暇・自由時間とウェルネスの関係がこれからどのように展開していくのか考える。

2.　余暇・自由時間の関係性とシリアスレジャー

2.1 「余暇」をめぐる用語

　ここからは、今回使用する先行研究・政策文書でも様々に使用されている、余暇に関する用語について整理しておきたい。日本の研究において、「余暇」「レジャー」「レクリエーション」など余暇をめぐる用語の定義については、語源にさかのぼるものなど、多くの議論がおこなわれてきたが、明確なものが見出されることはなかった（山崎，1962、藤竹，1973、小澤，2013 他）。日本における余暇

研究は西欧の研究の輸入を中心にすすめられており、訳語が混在していたこと、実際には余暇に関する語が使用される場面は異なっているにもかかわらず、余暇研究者においてもその区別に十分な意識が向けられてこなかったことが原因として考えられる。

　小澤（2003）は、日本において「余暇」にはそれぞれの時代に別の意味が付与されてきたという観点から、主に大正期から2000年代にかけて「余暇」がどのように語られ、問題化されてきたのかを分析した。そして「娯楽」「厚生」「レクリエーション」が戦前から1960年代までのキーワードであり、1970年代に「余暇」、1980年代には「消費」「自由時間」「ゆとり」に置き換わったことを明らかにした。時期区分と特徴を合わせて整理すると表1のようにまとめられる。

表1　「余暇」をめぐる用語の変化（小澤，2003をもとに筆者作成）

時期区分	「余暇」を形容する言葉	対応する言語	特徴
大正期	娯楽	recreation	民衆娯楽研究の開始
戦時期	厚生	recreation	「人的資源の向上」「余暇の善用」を主な目的とする厚生運動の活発化
戦後期〜1960年代	レクリエーション	recreation	「職場レクリエーション」の広がり
1970年代	余暇	leisure	余暇が社会問題の一つとなり、政策的実践と言説の対象となる
1980年代以降	消費、自由時間、ゆとり	leisure	余暇に関する問題の拡散

　小澤の整理に、「レジャー」は1960年代から1970年代にかけてのキーワードであり、「消費」については広く1960年代から1980年代まで続く余暇の用語であることを付け加えておきたい（青野，2014：36）。つまり、余暇というのは趣味や生活・文化などを含めた非常に大きな問題群であり、そのなかに「レクリエーション」や「レジャー」が含まれている。そのため、余暇という語が使用されているときには、小澤のいう1970年代の特徴をもつ使用法であるのか、もしくは広い意味合いのものなのか、注意する必要がある。

2.2　新たな概念としての「自由時間」

　1980年以降のキーワードである「自由時間」は余暇を超える概念として政策的に創造されたものであるため、その過程を確認したい。国家レベルの余暇政策

自体は 1970 年に開始されたとされる（瀬沼, 2003：61）。しかし、第 1 次オイルショック後には「余暇どころではない」と政策は停滞し、余暇は「自由時間」として読み替えられ、議論がすすめられた。

　1976 年に経済企画庁国民生活局に設けられた「自由時間充実対策研究会」は、研究討議を重ねた結果をもとに、1977 年 7 月『これからの生活と自由時間：その現状と対策の方向』（以下、『これからの生活と自由時間』）を取りまとめた。市井吉興はこの報告書について、「自由時間は『労働と余暇』という二元論を乗り越える概念として新たに構築されたもの」であったと指摘している（市井, 2006：78）。

　実際に 1977 年の『これからの生活と自由時間』の内容をみてみると、当時自由時間に寄せられていた政策的期待が確認できる。

　かつて自由時間はどちらかと言えば、残余の非労働時間、あるいは労働、すいみん等の時間以外の余った時間とみられ、主として労働を補完する意味をもつ時間という面からのみ、価値をもつとされてきた。しかし、高度に発達した現代社会の態様に照らして、もっと積極的にその機能の主体、つまり人間自体の面からみるならば、<u>自由時間は自己の時間資源の使い方について意思決定しうる自由裁量時間として、また自ら参加し、自ら束縛すべき活動を選択する自由が存在する</u>という意味の自由選択時間や自由行動時間として、定義づけられるのではなかろうか。（経済企画庁国民生活政策課, 1977：2）

　つまり、従来「余暇」と呼ばれていた時間は「自由裁量時間」「自由選択時間」「自由行動時間」と読み替えられ、積極的な意義と目的をもつ時間として位置付け直されている。そして、「生活時間における自由時間は、個人個人の人格形成や生活の充実、経済社会の秩序の維持と安定的発展に深い係りをもち、その時間資源消費の結果は、「社会の流れ」や「文化の発達」等をも<u>左右する程大きな影響を及ぼすものとして重要視すべき</u>」（経済企画庁国民生活政策課、1977：3）とまで考えられていたのである。

　以上のことから、本章では余暇は「レクリエーション」「レジャー」を含む多様な活動・時間を指す言葉として使用し、自由時間は余暇からは付与される意味が変化していることを鑑みて、「余暇・自由時間」と併記している。ただし、以下で説明する「シリアスレジャー」等すでに訳語としてひろく使用されているも

の、引用についてはもとの表記に準じる。

2.3 ウェルネスとつながるシリアスレジャー

　ここからは、余暇・自由時間とウェルネスの概念を架橋しうる「シリアスレジャー」について紹介したい。日本では 2021 年にシリアスレジャーを冠した初の書籍『「趣味に生きる」の文化論：シリアスレジャーから考える』が出版されたばかりであり、途上の研究であるため、同書の編者である杉山昂平の研究を参照しながら、シリアスレジャーの定義と特徴を確認する。

　余暇研究で近年注目を集めはじめているシリアスレジャーとは、カナダの余暇社会学者ロバート・ステビンスが 1982 年に提唱し始めたものであり、以下のように定義されている。

　アマチュア、趣味人、ボランティアによる活動で、彼・彼女らにとってたいへん重要でおもしろく、充足をもたらすものであるために、典型的な場合として、専門的な知識やスキル、経験と表現を中心にしたレジャーキャリアを歩み始めるもの（Stebbins, 2015: xx、杉山昂平訳）

　ステビンス自身はアマチュアの劇団員や野球選手、考古学者にインタビューをすすめるなど、「アマチュア」の存在に注目していた。そして、その活動で生計を立ててはいないが、単なる遊びではすまないほど時間をかけ、熱心に、本気で趣味に打ち込む人びとの活動を表現する用語として、シリアスレジャーを生み出した。海外ではアメリカ、カナダ、イギリス、オーストラリア、中国、台湾、韓国などで、シリアスレジャーに関する研究が蓄積されつつある（杉山, 2019）。

　ステビンスがシリアスレジャーの対義語として置く「カジュアルレジャー」は休息、気晴らしとしておこなわれるもので、日本で「余暇」といった際にイメージされるものに近いと考えられる。その 2 つの特徴は表 2 のようにまとめられる。

　このシリアスレジャーの特徴をみていくと、「自己実現に向けて何かに没頭している、生き甲斐を見つけ、熱中している時は輝く人生の真っただ中であり、ウェルネスである」（荒川, 2020）というウェルネスの定義と重なる部分が多いことがわかるだろう。つまり、シリアスレジャーの実践者はウェルネスな状態にいるのではないかと推察される[1]。

　ただし、シリアスレジャーとカジュアルレジャーは明確に分けられるものでは

表2　シリアスレジャー・カジュアルレジャーの特徴

シリアスレジャー		カジュアルレジャー
専門的な知識・スキル獲得	専門性	専門性なし
継続性あり	継続性	場当たり
本気・真剣・真面目・ひたむき	精神の状態	気楽・リラックス

杉山（2021：vi）をもとに筆者加筆

ない。「暇な時間に漫然とテレビを見たり、スマホゲームをしたりすることは誰にでもできるカジュアルレジャーだろう。しかし、俳優や作家の名前を覚えてファンとしてドラマを楽しんだり、勝つための戦略を考えながらゲームをプレーしたりする場合には、シリアスレジャーとしての側面が強くなるのである」（杉山, 2021：viii）と説明されるように、同じ活動であってもシリアスレジャーにもカジュアルレジャーにもなりうるのである。

　またシリアスレジャー／カジュアルレジャーはあくまでも理念型であり、両者に優劣をつけるものではないことは強調しておきたい。なぜなら評価を持ち込むことで、「カジュアルレジャーからシリアスレジャーに発展しなくてはならない」、「シリアスレジャーをおこなうべき」といった一種の「余暇善用論」に陥る可能性があるためだ。余暇善用論とは、薗田碩哉によれば「余暇は放っておくと悪や退廃に傾くものだから、これを上手に活用して善きものを生み出そうと努めるのが人間のあるべき姿勢」という「常識」のことである（薗田, 2012：214）。言い換えれば、余暇は「善いこと」のために使わなければならない、という意識であり、「悪い」余暇へのうしろめたさのようなものになりうる。

　現在、日本の教育・教育学の研究でもシリアスレジャーが分析概念として使用されはじめている。音楽、美術、演劇等の文化活動、スポーツ、部活動、趣味、ボランティアとして、退職後の余暇活動などに真剣（シリアス）に取り組むアマチュアの存在は、余暇研究として部分的に扱われてきたにすぎない。しかし、シリアスレジャーの視点を導入することで、学校教育、社会教育・生涯学習の分野で蓄積されてきた知見が横断的な研究に発展しうることが示唆されている（歌川, 2022）。

3. 余暇・自由時間の現状

　ここからは、現代の日本における余暇・自由時間の現状を世論調査を使用して確認しておきたい。2021年9月の内閣府国民生活に関する世論調査では、「現在の生活の各面での満足度」を聞いている。図1のように、レジャー・余暇生活の満足度（「満足している」「まあ満足している」の合計）は34.3％であり、「資産・貯蓄」に次いで満足度が低い状況がわかる。

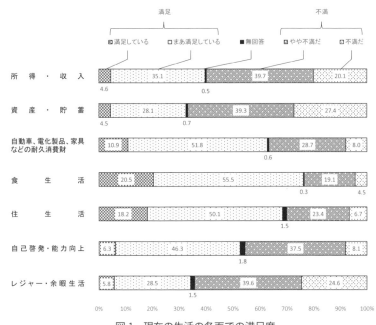

図1　現在の生活の各面での満足度

「内閣府国民生活に関する世論調査（令和3年9月）」https://survey.gov-online.go.jp/r03/r03-life/zh/z03.html より作成

　コロナ禍の影響を強く受けた結果であるため、今後好転していく可能性があるが、少なくとも2021年については「レジャー・余暇生活」の満足度が非常に低いことがわかる。

　原因のひとつとして考えられるのが、レジャー・余暇生活の基礎となる時間が不足していることだ。「時間のゆとりの有無」の設問（図2）をみると、40～49

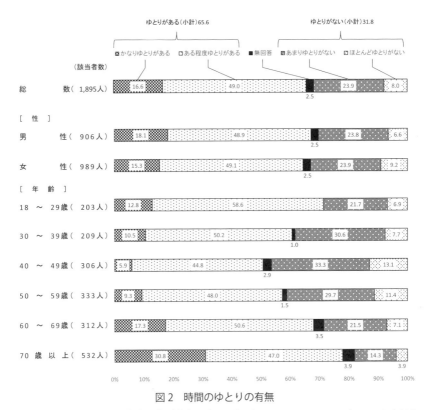

図2　時間のゆとりの有無

「内閣府国民生活に関する世論調査（令和3年9月）」https://survey.gov-online.go.jp/r03/r03-life/zh/z15.html より作成

歳の人びとの場合約半数が時間のゆとりを感じることができていない。

　また図3「自由時間の過ごし方」（複数回答）については、52.9％の人が「睡眠・休養」と回答しており、図4「自由時間が増えた場合にしたいこと」（複数回答）の第4位に「睡眠・休養」が入っていることからも、そもそも休息時間自体が不足しているのではないかと考えられる。

　冒頭で確認したように、スポーツ参加を妨げるものとして「時間の不足」があったが、生活時間全体で見てみても、時間のゆとりがない人が多いことがわかる。つまり、余暇・自由時間を積極的に活用する以前の問題として、休息・休養の不足があり、何かに興味や関心があったとしても、シリアスレジャーを目指すほどの時間はない場合が大半なのではないかと推測されるのである。

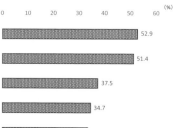

（複数回答）

	(%)
睡　　眠　　、　　休　　養	52.9
テレビやＤＶＤ、ＣＤなどの視聴	51.4
映画鑑賞、コンサート、スポーツ観戦、園芸などの趣味・娯楽	37.5
インターネットやソーシャルメディアの利用	34.7
家　　族　　と　　の　　団　ら　ん	33.6
シ　ョ　ッ　ピ　ン　グ	24.4
体操、運動、各種スポーツなど自分で行うスポーツ	23.7
友　人　や　恋　人　と　の　交　際	15.1
学習、習い事などの教養・自己啓発	10.9
旅　　　　　　　行	9.7
PTA、地域行事、ボランティア活動などの社会参加	4.6
そ　　　の　　　他	4.7
無　　　回　　　答	1.7

総　数（n=1,895人、M.T.=304.9%）

図3　自由時間の過ごし方

「内閣府国民生活に関する世論調査（令和3年9月）」https://survey.gov-online.go.jp/r03/r03-life/zh/z16.html より作成

4.　余暇・自由時間政策の変遷

4.1　余暇・自由時間活用の系譜

　ここからは、1980年代後半から現代にかけて日本の余暇・自由時間に関する政策をみていく。今回取り上げる政策の多くは理念や展望を提示するにとどまっており、明確な成果は出ていないものがほとんどである。しかし各時代の余暇・自由時間の捉え方と、現在まで続く余暇・自由時間への過大な期待が読み取れるため、主な政策文書の文言やデータを適宜引用しながら詳述する。

　日本において、人びとが余暇を有効活用することは、長い間政策的に推奨されてきた。レクリエーションが re-creation、つまり再生産・再創造を意味している

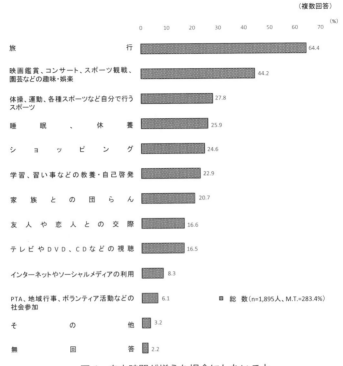

（複数回答）

図4　自由時間が増えた場合にしたいこと

「内閣府国民生活に関する世論調査（令和3年9月）」https://survey.gov-online.go.jp/r03/ r03-life/zh/z17.html より作成

　ことからもわかるように、余暇はその外側に位置するものに対して貢献するよう求められてきたのである。余暇の活用対象は時期によって変化しているが、①明治、大正期の工業労働における与えられた余暇、②戦時期の厚生運動、③高度経済成長期の職場レクリエーション、④現代の自己開発としての生涯学習の4段階に大きく分けることができる（藤島，1976、薗田，2012）。今回はとくに④の時期に注目し、余暇・自由時間にどのような期待がかけられてきたのか確認する。

4.2「ゆとり」への注目の高まり

　先述したように、1980年代以降のキーワードとして「ゆとり」が挙げられていた（小澤，2003）。当時「ゆとり」に注目が集まっていた理由は、1986年に発行された『人生80年時代における労働と余暇』から見て取ることができる。こ

れは、1984 年度に経済企画庁から余暇開発センターへの委託研究としておこなわれたものである。

　まず、当時生活時間の配分が政策的課題になりつつあることが表明される。

　近年、長寿化・高齢化、国際化、情報化、サービス化等経済社会の変化に伴い、国民の生涯生活時間構造は著しく変化しつつある。人生 80 年時代の到来とともに、生涯を通じた生活時間は、男性 65.3 万時間、女性 70.3 万時間に達し、引退後の期間の伸長、労働時間の短縮等に伴って、生涯における自由時間は増大する傾向にある。また、価値観の多様化、文化的・精神的ニーズの高まりを背景として、自由時間の充実を重要視する意識が出てきている。……人生 80 年時代にふさわしい生涯生活時間配分について検討することが、国民生活をめぐる政策上の重要な課題となっている（経済企画庁国民生活局編，1986：はじめに）。

　長寿に伴う生活時間の増大、つまりリタイア後の時間の使い方、そして労働時間短縮の機運が高まっていた。そのために、「労働、余暇、教育を人生全体の中でとらえ、生涯教育（学習）、生涯労働、生涯余暇という視点から、新たな生涯生活時間の配分を行い、それに対応した社会のあり方を総合的に考察する必要が出てくる」という（経済企画庁国民生活局編，1986：5）。
　そして生涯にわたる学習、生涯にわたる余暇という発想から「生涯レジャー学習」が考えられるようになっていく。1987 年に経済企画庁国民生活局によって発行された『生涯レジャー学習：レジャー享受能力向上のための生涯にわたる学習に関する調査』（以下、『生涯レジャー学習』）では、生涯学習の必要性が次のように説明されている。

　特にレジャー能力開発のための学習については、自己開発、自己実現に向けて行動する人が増加するなかで、その必要性が高まっている（経済企画庁国民生活局編，1987：はじめに）。

　わが国の自由時間問題は、何よりも、高齢化に伴う自由時間増大にどう対処するかという、高齢化への個人的および社会的な準備の問題である（経済企画庁国民生活局編，1987：4）。

　ここでも、『人生 80 年時代における労働と余暇』の発想と同様に、高齢化という社会の変化への対策として、自由時間を使用した能力開発が目指されている。
　しかし、その「危険性」が意識されている部分もみられる。

　最後に、生涯学習の目的は、やや抽象的な言い方をすれば、<u>自由時間の増大と間断ない技術的社会的環境変化に対する主体的適応（すなわち新たな生活能力の確保）であると同時に人間の全体性（totality）の回復である</u>。学習が学習のための学習になるとき、それは一種の強迫観念になる。<u>レジャー能力の開発とは、たんなる教養主義でもなく、あれもこれもできるマルチ人間を目ざすことでもない</u>（経済企画庁国民生活局編，1987：35）。

　つまり、自由時間のなかでの能力開発が、強制的なものになることへの危惧も表明されていると考えられる。では「レジャー教育」で伸長されようとしている能力とは、何なのだろうか。『生涯レジャー学習』には、大企業の非現業部門を対象に実施された、勤労者のレジャー学習ニーズ調査の結果が掲載されている。その分析結果を概観することで、当時どのような能力が求められていたのか、その一端をみてみたい。
　最初に、「レジャー享受能力の自己評価」が問われる。この「レジャー享受能力」とは「知識や技術だけでなく、体力面や精神面も含み、広い意味で<u>レ̇ジ̇ャ̇ー̇を̇楽̇し̇む̇こ̇と̇の̇で̇き̇る̇能̇力̇</u>」のことである（経済企画庁国民生活局編，1987：67。傍点本文）。そして、レジャー享受能力が不足している人は、生活全体について「あまり満足していない」との回答が高くなっていることを明らかにしている。
　この結果を受けて、「<u>レジャー享受能力を身につけている人は、余暇生活だけを重視するのではなく、仕事、家庭も同時に重視し、この面でバランスのとれた生活価値観を有している</u>」と分析されている（経済企画庁国民生活局編，1987：79）。さらに「勤労者のレジャー享受能力を高めることは、余暇についてだけでなく、仕事や家庭生活の満足度を高め、ひいては、生活全体の満足度を高めるということができよう。<u>レジャーを楽しむ能力が向上するということは、レジャー生活の重要な場である家庭の質を高め、またそこにうまれる精神面のリフレッシュや自己実現は、仕事に対する取り組みにもプラスの効果をうみだすと考えられる</u>」という（経済企画庁国民生活局編，1987：80）。

表3　レジャー享受能力別・生活領域の満足度（%）

		大いに満足している	どちらかといえば満足	あまり満足していない	全く満足していない
仕事について	全体	12.6	56.2	27.0	3.2
	レジャー享受能力あり	13.7	57.1	26.1	2.1
	レジャー享受能力不足	14.9	54.3	25.0	4.9
家庭について	全体	24.8	56.8	15.1	2.3
	レジャー享受能力あり	28.8	56.6	12.0	1.9
	レジャー享受能力不足	20.1	51.6	22.8	4.3
余暇について	全体	8.5	41.0	42.0	7.6
	レジャー享受能力あり	14.3	47.9	32.7	4.5
	レジャー享受能力不足	1.1	22.3	58.2	17.4
生活全体について	全体	7.7	64.3	26.0	1.2
	レジャー享受能力あり	10.0	68.4	19.9	1.1
	レジャー享受能力不足	3.8	52.2	40.8	2.2

（出典：経済企画庁国民生活局編，1987：78．網掛けは引用者による）

　当時、経済的な豊かさに対して、人びとが生活の豊かさを実感していない問題があったため、レジャー教育を通じて、生活全体の満足度を高めさせたい、という目標があったと考えられる。そして余暇において精神面のリフレッシュ、自己実現を達成することで、家庭や仕事の満足度をも高めようとしている点で、余暇活用への期待が連綿と続いていることがわかる。

4.3　自由時間の産業的活用

　一方、余暇・自由時間の産業的側面に注目すると、4.2 で確認した『生涯レジャー学習』が発行された 1987 年に「総合保養地域整備法」（リゾート法）が出された。日本各地でリゾート施設の建設がすすめられ、日本の戦後の余暇政策を概観するなかで、「戦後の余暇政策の中で、もっとも活発に展開された時期」であったと評されている（瀬沼，2003：152）。

　ただし、リゾート開発はゴルフ場、スキー場、テニスコート、マリーナ、ホテルといったワンパターンのものであり、「リゾートが本来もつべき『国民の福祉の向上』のためなどではなく、大企業の利潤追求のために強行された……スポーツの手段化の最たるものであった」と批判もされている。そして、大企業は「日米貿易摩擦の原因になっている膨大な貿易赤字の解消策としての内需拡大」と「だ

ぶついた資本の有効な投下先」を求め、開発によって大きな資産価値を形成しようとしていたため、自然の原野や山林をゴルフ場につくりかえることは、最良の方法だったという（関，1997：455-456、459）。

またスポーツの産業化を分析した尾崎正峰は「1960年代の初頭において、いち早く産業としてのレジャー、およびスポーツの『産業化』への注目がなされて」いただけでなく、「レクリエーション等の『商品』を集積して供給する地域エリアを全国的に配置すること」「そのための基盤整備をはかる」ことは1970年代を迎える頃から提起されており、リゾート法は旧来型の利益誘導型であったことを明らかにしている。さらに、「『新自由主義』の衣をまといながらも中身は『旧来』の『日本型』をぬぐい切れていない姿は、この当時の政治・経済状況を反映したものであり、『新自由主義の不徹底』、あるいは『形成途上の新自由主義』と形容することもできよう」と指摘している（尾崎，2004：263、274-275）。

この時期については、リゾート開発の手法と結果について批判的検討をするとともに、自由時間の消費を地方開発やビジネスに活用する発想が急速に具体化した局面としても分析する必要がある。

4.4 余暇意識と新しい地域社会

その後、余暇は国会での議論の対象にもなっていく。1989年2月の第114回国会・国民生活に関する調査会では、労働と余暇について参考人から意見を聴取している。その議論をまとめた参議院『国民生活に関する調査報告：労働と余暇』を参照して、どのように論じられていたのかをみる。

当時、何よりも重要なことと考えられていたのが「意識」である。その内容は以下のように説明される。

自主的に休みを取りにくいという職場の雰囲気のもとでは、「余暇は権利」という意識が定着している欧米に学び、権利意識の高揚の必要性を主張する見解もある。確かに余暇を充実するための制度の改革が必要な場合もあるであろうが、同時に国民の余暇意識が改革されることが何よりも重要なことであろう（参議院，1989：7）。

「もとより、いかに余暇活動を実現していくかは、すぐれた個人の自由裁量に属するものであって、自主性、自発性こそが余暇の本質であることは言うまでもな

い」ともいわれ、「行政の役割としては、国民個々人の自由裁量のもとで充実した余暇活動を行えるような環境・条件整備を総合的、計画的に行うとともに、ビジョンを策定するなりしてさらに国民の余暇意識の高揚と積極的な余暇活動の支援に努めることが望まれる」という（参議院，1989：8）。そして、官民の役割分担について変革を迫っている様子が透けて見える。

　しばしば日本の企業が共同体に擬制されるように、それは独自の慣習や規範などに裏打ちされた固有の文化様式を持ち、自己関係性を有する社会である。そこでは終身雇用制にみられるように、従業員とその家族の生活を生涯の大半にわたり引き受けてきたし、その福利厚生面にも多くの努力が払われてきた。他方で、都市化が進行し旧来の地域共同体が崩壊してゆく中で、企業への帰属意識はより強まりをみせてきた。<u>今後の余暇社会を展望する上で、新しい地域社会づくりを考えるに当たっては、この間企業社会がはたしてきたこのような姿を振り返り、新しい役割分担を見だしていく必要がある</u>（参議院，1989：24）。

　高度経済成長期には大企業を中心に各企業が従業員の余暇供給の多くを担っており、企業規模や都市・地方の余暇格差・福利厚生格差が問題になってきた。しかし、「今後の余暇社会」では、新しい地域社会にその役割が期待されるようになっている。だからこそ「今後、一層、高度化、多様化していくことが予想される国民の余暇需要を考えると、公共、民間部門の担うべき領域、規模、それに伴う国、地方自治体の自由時間・余暇対策関係財政の在り方について、本格的な検討を加えていくことが必要とされよう」（参議院，1989：7）と官民、国と地方、各部門が、余暇供給の役割を分担することが展望されている。

4.5　個人の時間と社会の時間の関係性

　参議院での議論の後、1990年4月に発行された『豊かな時を創るために：新しい余暇社会と生活文化の創造に向けて』（国民生活審議会・生活文化委員会報告）でも、余暇への期待が説明されている。ここでは、時間を①「外的な、社会での勤労生活の時間」、②「人間の内面を流れていく自律的で個性的な人生の時間」の2つにわけ、「現代の経済効率優先の世界では、外的な時間は外側から管理され、ずたずたに切り刻まれてしまっている。そしてついには人間が人間らしくあるための内面の時間まで外的管理者に奪われてしまうのである」と指摘され

ている（経済企画庁国民生活局編，1990：序）。

そして、余暇の充実の可能性について以下のように説明する。

さらに、社会的な観点から見て、余暇を充実することは、一人一人が一層多様な自己実現の機会を創造することを通じて、個性と創造性の豊かな社会をつくりあげることでもある。勤労意欲の向上や学習・技能習得機会の確保等を通じて、社会にとって魅力ある人材を育成することにもなり、高齢者の健康管理、生きがいづくりにも大きな役割を持つ。さらに、地域においても、余暇活動を通じて多様な人間関係が織りなされ、地域コミュニティの形成、地域文化の発展、継承をはじめ、地域の様々な問題に取り組む機会が創出される。

このほか、余暇の充実は、社会資本の充実や民間投資の拡大等を通じての地域経済の振興や、余暇関連支出の増大による内需中心の調和の取れた経済成長にも寄与すること、ひいては国際社会でより良く理解されるゆとりある日本人像の形成に資すること等にも注目する必要がある（経済企画庁国民生活局編，1990：5-6）。

つまり、最初の出発点は「人間の内面を流れていく自律的で個性的な人生の時間」を守ることだったが、最終的には社会と地域に貢献する人材を作り出し、経済成長にも寄与することが予期されているのである。

余暇の意義・効果をアピールする結果、過度に期待を寄せたり、効率性・生産性の論理、つまり余暇善用論に陥ることは余暇研究でよくみられるが（青野，2014）、その問題についても指摘されている。

余暇の過ごし方を決めるのは個人である。仕事を生きがいの人に対し強制的に余暇を押しつけることや、仕事以外に生きがいを持つ人に余分の仕事を押しつけることはできない。しかし、我が国の場合、労働時間や通勤時間が長いことに加え、お互いの余暇を尊重する意識が不足していることもあって、余暇の確保が極めて不十分であり、また、余暇活動の実態があまりに貧弱であることから、次のような点について社会的に対応することが必要である（経済企画庁国民生活局編，1990：6）。

以上のように、この当時は余暇の自主性・自発性を尊重しながらも、その実現

にむけた障壁に対して社会的な対応が要請されている。

　同様の認識は 1990 年の『ゆとりと豊かさ：ゆとりと豊かさに満ちた「生活重視」型社会を目指して』でも提示されている。ここでは「政府、企業、国民それぞれが、ゆとりと豊かさに満ちた国民生活を実現するために『生活重視』の発想に立つことが必要である旨強く指摘され」た（通商産業省生活産業局編，1990：刊行にあたって）。当時、高度経済成長が達成されたのち、安価な財やサービスが広がり、効率的な生産体制が実現していた。「他方、こうした物質的な豊かさが実現した今日、国民の間には、世界有数の日本の経済力と国民各自個人の生活面での充実感との間には大きな隔たりがあるとの認識が深まっている。こうした状況のなかで、生活の充実や成果の配分をより重視する考え方の重要性が高まっている」という（通商産業省生活産業局編，1990：3）。そして、それを実現するために第 1 の課題として「時間、空間、物価の面で経済力にふさわしい『ゆとりと豊かさ』に満ちた生活が確保されるような社会経済構造を構築すること」が目指される（通商産業省生活産業局編，1990：5）。

　本章でとくに確認したいのは、時間的ゆとりの部分である。具体的な対応策として①労働時間の短縮、②創造性発揮のための職場環境の整備が唱えられ、「人間に与えられた 1 日の時間、あるいは 1 年間の時間は決まっている。物は買えるが、人生の時間は金では買えない。『ゆとりと豊かさ』実現のための貴重な財は時間と言えよう」とまでいわれている（通商産業省生活産業局編，1990：30）。また、「余暇は人間が人間としての姿を取り戻し、創造性や個性を育むことのできる重要な時間としてとらえなおされる必要がある。余暇は、日常生活からの解放感を味わい、心身の安らぎを得るといったこと以外にも、自然に触れ、知人との交流を楽しみ、好奇心を満たすといった能動的に自己実現を図るための重要な機会である」と説明される（通商産業省生活産業局編，1990：44）。余暇のイメージを、消極的なものから積極的なものへと変化させようとしている点、自己実現を達成しうるものとして時間資源に注目していることは、今後も継続してみられる。

4.6　自由時間の価値を高める個人

　ここまで 1980 年代後半から 1990 年までの余暇・自由時間にかかわる政策をみてきたが、1990 年代後半にはバブル崩壊の経済不況により、自由時間に関する政策は大きな変更を迫られたといわれている。たしかに組織的には、1997 年に経済企画庁余暇・生活文化室が市民活動室へと改組されており、1999 年に財団

法人余暇開発センターから発行された『時間とは幸せとは：自由時間政策ビジョン』（以下、『自由時間政策ビジョン』）でも、方針の転換がされたとの記述がある（財団法人余暇開発センター，1999：刊行に当たって 2）。しかし内容をみてみると、自由時間の積極的活用を目指す方向性は継続している。そのため、具体的な文言を確認しながら、どのように自由時間が位置づけられているかみていきたい。

　この報告書では「人の生涯の時間」は「その人に与えられた時間資源」と捉えられている（財団法人余暇開発センター，1999：はじめに）。そして多様なライフスタイルを尊重したうえで、「国民一人一人が自らのライフスタイル創造について “夢” と “意思” をもって行動することが基本である」との考えが前提とされている（財団法人余暇開発センター，1999：刊行に当たって 5）。ここでは、みずから意思をもって生き方を選択する人間像が想定されていることがわかる。

　さらに、表 4 のようにこれまでの余暇の捉え方を、①「明日の労働のためのレクリエーションの時間」、②「経済成長の成果を余暇・レジャーとして享受するための時間」としている。これは労働力の再生産を目指す職場レクリエーションと、金銭的な消費を伴うリゾートを指している。そして、新しく付加すべき考え方として提示されるのが、①「自己実現、芸術・文化、研究、癒しといった心の豊かさを目指した広い意味での余暇活動、自由時間活動」、②「知識社会においてますます重要となる人的資本投資を行う時間」、③「少子高齢化によるケア世界の到来を前提に、家族や個々人が思いやりや交流によって暖かい社会をもたらすための時間」の 3 つである（財団法人余暇開発センター，1999：38–39）。

　いずれも当時の社会的課題に対応した、新たな自由時間の姿にみえる。しかし「『福祉国家の危機』以後のケア世界では人々の社会参加を活性化させ、社会保障負担を軽減するための様々な仕組みや投資が必要となるが、その中で、家族や個々人が自らに対して行う健康づくりのための投資や NPO、ボランティア活動を通した相互の助け合いにさく時間がますます重要となる」（財団法人余暇開発セン

表 4　余暇の捉え方

これまでの考え方	これから付加すべき考え方
・明日の労働のためのレクリエーション ・経済成長の成果を余暇・レジャーとして享受するための時間	・成熟社会での新しい余暇・レジャーのための時間 ・知識社会における新しい余暇や投資のための時間 ・ケア世界におけるケアや投資や移転のための時間

（出典：財団法人余暇開発センター 1999：38）

ター，1999：39）との説明を読むと、結局は国の負担軽減のための自由時間活動が期待されていることがわかる。

　ここでは、自由時間は「労働、教育などの時間を最初から義務的、拘束的と決めつけず、すべての人間の生活時間には、義務的、拘束的側面と自由な側面とがあるという考え方に立って『活動種類に関わりなく、<u>柔軟な時間配分が可能な時間、あるいは自由を感じられる時間</u>』」のこととされる。そして「労働時間の自由時間化とは、義務的、拘束的な労働を柔軟化し、自由裁量の余地を高めることによって、<u>労働時間自体の長さは不変であるとしても時間の質自体を変化させる</u>ということを意味している」という（財団法人余暇開発センター，1999：43）。

　この点について、市井は「労働・雇用問題や社会保障・社会福祉における『個人の主体的な時間管理によるフレキシブルな対応』」を私たちに求めるものだと批判した（市井，2007：268）。つまり「時間資源」をもつ個人は、その自由時間を主体的に活用し、労働・雇用問題、社会保障・社会福祉の問題に対応するように強いられている。翻ってみれば、『これからの生活と自由時間』（1977）の余暇の自由時間への読み替えから続く、自由時間拡大と積極的活用の系譜に位置づけられる。

　地方開発、高齢社会など、政策側が余暇・自由時間の活用によって解決したい社会的課題は、時期によってさまざまであった。しかし、人びとの生活時間の配分を見直し、自由時間を生みださせようとしてきたことは共通している。そして自由時間を拡大し、活用させる試みはその後も続いていく。

4.7　仕事と生活の調和（ワーク・ライフ・バランス）への連続性

　自由時間の活用と積極的活用は、ワーク・ライフ・バランスの議論でも引き続きみられる。2007 年 12 月に、「仕事と生活の調和（ワーク・ライフ・バランス）憲章」と「仕事と生活の調和推進のための行動指針」が策定された。その後 2010 年 6 月に改定され、現在も継続して取り組まれている。仕事と生活の調和が実現した社会とは、「国民一人ひとりがやりがいや充実感を感じながら働き、仕事上の責任を果たすとともに、家庭や地域生活などにおいても、子育て期、中高年期といった人生の各段階に応じて多様な生き方が選択・実現できる社会」だという。具体的には、「就労による経済的自立が可能な社会」、「健康で豊かな生活のための時間が確保できる社会」、「多様な働き方・生き方が選択できる社会」とされる（内閣府，2020：170）。そして、次のような理由で仕事と生活の調和が

必要だという。「個人の持つ時間は有限である。仕事と生活の調和の実現は、個人の時間の価値を高め、安心と希望を実現できる社会づくりに寄与するものであり、『新しい公共』の活動等への参加機会の拡大などを通じて地域社会の活性化にもつながるものである。また、就業期から地域活動への参加など活動の場を広げることは、生涯を通じた人や地域とのつながりを得る機会となる」（内閣府2020：169-170）

　このような時間の読み替えと過度な意義の付与は、『自由時間政策ビジョン』（1999）で提起された、個人の生活時間を「時間資源」ととらえ、社会的な問題に対して個人に柔軟な対応を求める姿勢と同じだろう。さらに注目したいのは、「個人の持つ時間は有限」であり、仕事と生活の調和を実現することで、「個人の時間の価値を高め」ることが目指されている点である。「個人の持つ時間」というときには、時間は量的に把握されているが、「価値を高める」といったときには質の問題へと転換されている。従来、労働と余暇の間では、1日24時間という限られた時間の取りあいがおこなわれていた。しかし、余暇が自由時間へと読み替えられ、各個人の意識に依拠する質の問題にされたときには、余暇・自由時間の争いはその対象を見失ってしまうのである。

5.　ウェルビーイングへの政策的注目

　第1章で説明されていたように、ウェルネスと類似の概念としてウェルビーイングがある。ウェルビーイングが、「心身ともに健康で、社会的にも幸福を感じられる『状態』」を表しているのに対して、ウェルネスはそこに向かう「プロセス」を示している。日本においてはその意味するところが確定していない状態であるため、分野によって使用法に差がみられるが、同じ志向を持つものとして理解しておきたい。

　2021年7月内閣府に「Well-being に関する関係府省庁連絡会議」が設置された。「経済財政運営と改革の基本方針2022　新しい資本主義へ〜課題解決を成長のエンジンに変え、持続可能な経済を実現〜」においても、「地方発のボトムアップ型の経済成長を通じ、持続可能な経済社会の実現や個人と社会全体の Well-being の向上、『全国どこでも誰もが便利で快適に暮らせる社会』を目指す」、「各政策分野における KPI への Well-being 指標の導入を進める」、「多様な子供たちの特性や少子化など地域の実情等を踏まえ、誰一人取り残さず、可能性を最大限

に引き出す学びを通じ、個人と社会全体の Well-being の向上を目指す」（内閣府，2022b：16，30，34）と記述がみられる。現時点では、ウェルビーイングの対象は個人／社会両方と考えられる。しかし、政策文書におけるウェルビーイングの意味するところの違いについて、主体が「個人」のみなのか、「社会全体」を含むのか、「幸せ」なのか「幸せな状態」なのか等も指摘され始めている（竹内，2022）。

　ウェルネスとウェルビーイングの違いについては、今後も議論が必要であるが、日本の政策上もウェルビーイング・ウェルネスが重要視されており、内容を見る限り自由時間政策の目標と重なり合う部分も多いのではないだろうか。

6.　余暇・自由時間とウェルネスのゆくえ

　ここまで 1980 年代から現代までの余暇・自由時間政策、そしてウェルビーイングへの政策的注目をみてきた。各時代の状況を正確に反映したものというよりも「希望的観測」に近い記述もあったが、いずれの時代でも余暇・自由時間に対して期待が寄せられている様子が垣間見えた。

　しかし 3. で確認したように、時間のゆとりを感じるひとは少なく、余暇・自由時間の裏面ともいえる労働の調査からも問題が山積していることは明らかである。たとえば、「働く高齢者」が増えていることは、高齢社会の好例として紹介されることが多いが、「生きがい」のために働きたい人びとは一部にとどまっていることを指摘しておきたい。「高齢者雇用に関する調査 2020」（日本労働組合連合会，2020）によると、図 5 の 60 歳以降も働きたいと思う理由（複数回答）で最も多いのは「生活の糧を得るため」で、65-69 歳の 62.3％がそのように回答している。たしかに、「働くことに生きがいを感じているため」との回答もあるが、理由の第 4 位にとどまっている。2000 年の法律改正で、老齢厚生年金の支給開始年齢がそれまでの 60 歳から 65 歳に引き上げられていることからも、高齢者になっても働かざるを得ない、「生涯労働」だけが実現している状況が明らかになる。

　自由時間に打ち込めるものをみずから見つけ、そこに生きがいを見出し、ときに地域貢献する人びとは、「手のかからない理想的な人間」として長年政策的に求められてきたものでもある（青野，2021）。もし、社会的な課題の解決のために人びとが自助努力を迫られ、そこに楽しみを見出すように強いられているのであれば、それはウェルネスとはいえないだろう。本章の指摘はあまりに悲観的な

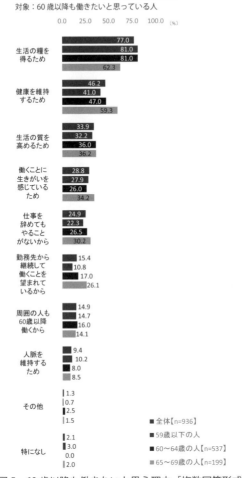

図5 60歳以降も働きたいと思う理由［複数回答形式］
「高齢者雇用に関する調査 2020」https://www.jtuc-rengo.or.jp/info/
chousa/data/20200130.pdf?45 より作成

推測にみえるかもしれないが、先述したように余暇・自由時間の活用以前の問題
として、現代の日本では「休息や休養」が足りていない状況がある。そして、『人
生 80 年時代における労働と余暇』での記述、「生涯教育（学習）、生涯労働、生
涯余暇」（経済企画庁国民生活局，1986：5）のうち「生涯余暇」が一番遠いて

いることが明らかになる。

7. おわりに

　本章では、余暇・自由時間政策に注目し、ウェルネス・ウェルビーイングへの
つながりを検討した。現在途上の研究キーワードであるシリアスレジャーはウェ
ルネスと近しい概念であり、今後政策的な注目が高まるであろうウェルネス・ウ
ェルビーイングの議論は、余暇・自由時間の問題の延長線上にあることが示せた
のではないだろうか。

　余暇から自由時間への読み替えがおこなわれた際に、余った時間から、多様な
意味を含むものへ、その意味するところが拡散しており、その後も主観的かつ精
神的なものへと視点が変化していることがわかる。余暇・自由時間の問題は社会
的な課題でもあるが、近年の政策では、個人の責任に収斂させる傾向が強まって
いる。ここで含意されている「個人像」が「新しい統治性の主体」であり、進ん
で自己管理する個人だと考えられる（青野，2020）。

　シリアスレジャーの実践者は長期的にみればウェルネスな状態に近づいている
ことが多いが、現代の日本において、シリアスレジャーをするだけの時間的・経
済的余裕がある人はごく一部である。またシリアスレジャーは強制されるもので
はなく、あくまでも自主的な活動である。カジュアルにはじめた活動にのめりこ
み、結果シリアスになることもあるかもしれず、その活動が日常生活を「侵食」
するかもしれない。つまり、「ほどほど」で収まるとは限らないのである。

　シリアスレジャー自体には、結果として政策的に求められてきた個人を作り出
すあやうさもある一方で、「熱心さ」「過剰さ」が政策的な自由時間活用の要請を
飛び越えていく可能性もある。この点については今後検討を重ねたい。

付記
　本章は、サントリー文化財団研究助成「学問の未来を拓く」（「趣味」の昭和史の構築—
シリアスレジャーの観点による生涯学習論の刷新に向けて—／研究代表者：歌川光一）の
研究成果の一部である。

注
1)　ウェルビーイング論では、カジュアルレジャーとシリアスレジャーではウェルビーイ
　　ングの質が異なると考えられており、長期的な視点ではシリアスレジャーによってウ
　　ェルビーイングにつながるとされる（杉山，2022：29）。

引用文献

青野桃子（2014）「余暇研究におけるレクリエーションとレジャーの関係：「余暇善用論」の視点から」『一橋大学スポーツ研究』33, pp.34-44.

青野桃子（2020）「「新しい統治性の主体」の萌芽―自由時間政策から時間と健康の自己管理へ」棚山研, 市井吉興, 山下高行編『変容するスポーツ政策と対抗点―新自由主義国家とスポーツ』創文企画, pp.97-120.

青野桃子（2021）「政策的に「活用」される自由時間：シリアスレジャーのあやうさ」『「趣味に生きる」の文化論：シリアスレジャーから考える』ナカニシヤ出版, pp.153-161.

荒川雅志（2020）「成長するウェルネス産業市場」『商工金融』70（5）, 商工総合研究所, pp.54-57.

藤島秀記（1976）「余暇思想の流れ」日本レクリエーション協会編『レクリエーション体系 I レクリエーションと現代』不昧堂出版, pp.262-288.

藤竹暁（1973）「レジャーの概念 華麗で饒舌などうどうめぐり」石川弘義編『人間とレジャー I レジャーの思想と行動』日本経済新聞社, p.9-43.

市井吉興（2006）「戦後日本の社会統合と『レジャー』：レジャー政策から自由時間政策への転換とその意図」『立命館産業社会論集』42（3）.

市井吉興（2007）「人間の安全保障としての『レジャー』をめざして：『新自由主義型自由時間政策批判』序説」『唯物論研究年誌』（12）.

経済企画庁国民生活局編（1986）『人生 80 年時代における労働と余暇』大蔵省印刷局.

経済企画庁国民生活局編（1987）『生涯レジャー学習：レジャー享受能力向上のための生涯にわたる学習に関する調査』大蔵省印刷局.

経済企画庁国民生活局編（1990）『豊かな時を創るために：新しい余暇社会と生活文化の創造に向けて』大蔵省印刷局.

経済企画庁国民生活政策課編（1977）『これからの生活と自由時間：その現状と対策の方向』大蔵省印刷局.

経済企画庁総合計画局編（1987）『時間と消費：21 世紀へ向けての消費のシナリオ』大蔵省印刷局.

リンダ・グラットン, アンドリュー・スコット（池村千秋訳）（2016）『LIFE SHIFT（ライフ・シフト）―100 年時代の人生戦略』東洋経済新報社.

内閣府（2007）「仕事と生活の調査（ワーク・ライフ・バランス）憲章」, http://wwwa.cao.go.jp/wlb/government/20barrier_html/20html/charter.html.

内閣府（2007）「仕事と生活の調和とは（定義）」「仕事と生活の調和」推進サイト, http://wwwa.cao.go.jp/wlb/towa/definition.html.

内閣府（2022a）「国民生活に関する世論調査（令和 3 年 9 月）」, https://survey.gov-online.go.jp/r03/r03-life/index.html（2022 年 10 月 31 日閲覧）.

内閣府（2022b）「経済財政運営と改革の基本方針 2022 新しい資本主義へ～課題解決を成長のエンジンに変え, 持続可能な経済を実現～」, https://www5.cao.go.jp/keizai-shimon/kaigi/cabinet/2022/2022_basicpolicies_ja.pdf.

日本労働組合総連合会（2020）『高齢者雇用に関する調査 2020』https://www.jtuc-rengo.or.jp/info/chousa/data/20200130.pdf?45（2022 年 10 月 31 日最終閲覧）.

尾崎正峰（2004）「新自由主義改革と地域スポーツの行方」渡辺治編『変貌する〈企業社会〉日本』，旬報社，259-296 頁．

小澤考人（2003）「近代日本における『余暇』の問題構成」『ソシオロゴス』27, pp.269-289.

斎藤幸平（2020）『人新世の「資本論」』集英社新書．

参議院（1989）『国民生活に関する調査報告：労働と余暇』．

関春南（1997）『戦後日本のスポーツ政策：その構造と展開』大修館書店．

瀬沼克彰（2003）『余暇事業の戦後史：昭和 20 年から平成 15 年まで　21 世紀の生涯学習と余暇』学文社．

薗田碩哉（2012）『余暇という希望』叢文社．

杉山昂平（2019）「レジャースタディーズにおけるシリアスレジャー研究の動向：日本での導入に向けて」『余暇ツーリズム学会誌』6, pp.73-82.

杉山昂平（2021）「本書の基本的な視点」宮入恭平，杉山昂平編『「趣味に生きる」の文化論：シリアスレジャーから考える』ナカニシヤ出版，pp.v-xi.

スポーツ庁（2022）「令和 3 年度　スポーツの実施状況等に関する世論調査」，https://www.mext.go.jp/sports/content/20220222-spt_kensport01-000020451_1.pdf.

Stebbins, R. A. (2015) *Serious leisure: A perspective for our time*. Transaction Publishers.

竹内健太（2022）「Well-being（ウェルビーイング）とは何か：使われ方の違いを意識して」『経済のプリズム』208, pp.55-56.

通商産業省生活産業局編（1990）『ゆとりと豊かさ：ゆとりと豊かさに満ちた「生活重視」型社会を目指して』通商産業調査会．

歌川光一（2022）「余暇（レジャー）と社会教育の関係を見直す―『シリアスレジャー』の再発見」牧野篤編著『社会教育新論―「学び」を再定位する』ミネルヴァ書房，pp.188-200.

山崎進編（1962）『レジャー時代』東洋経済新報社．

財団法人余暇開発センター編（1999）『時間とは幸せとは：自由時間政策ビジョン』通商産業調査会．

参考文献

1987,「総合保養地域整備法」．

市井吉興（2011）「新自由主義型自由時間政策の現在：政権交代・生活サポート型レジャー・休日分散化」有賀郁敏，山下高行編著『現代スポーツ論の射程　歴史・理論・科学』文理閣．

国立大学法人琉球大学ウェルネス研究分野，https://health-tourism.skr.u-ryukyu.ac.jp/wellness（2022 年 10 月 31 日閲覧）．

日本生産性本部・生産性研究所編（1961）『消費革命とレジア産業』東洋経済新報社．

小澤考人（2013）「『余暇（レジャー）』(leisure) とは何だろうか？：価値論的考察の試み（特集余暇学研究の課題と展望）」『余暇学研究』16, pp.50-64.

労働省労政局編（1990）『ゆとり社会とマイライフの創造：勤労者福祉懇談会報告書』大蔵省印刷局．

佐藤誠・NHK おはようジャーナル取材班編（1989）『ドキュメント　リゾート』日本評論社.

杉山昂平（2021）「シリアスレジャーとはなにか？　「好き」を仕事にしない道をつくる」，https://slowinternet.jp/article/20210823/（2022 年 10 月 31 日閲覧）.

杉山昂平（2022）『興味の深まりを可能にする趣味縁に関する研究：余暇研究と学習科学の融合的アプローチから』東京大学大学院情報学環博士論文.

歌川光一他（2021）「シリアスレジャーからみる日本の教育・教育学」『日本教育学会第 80 回大会』，pp.97-98.

財団法人余暇開発センター編（1994）『余暇はどう変わったか：1995-1943「行動・政策・指標でたどるわが国余暇の 50 年」』余暇開発センター.

第3章

パリ市民のスポーツウェルネスなライフスタイル

―パリ・プラージュからオリンピックへ―

東出加奈子

1.　はじめに

　近年のフランスは、国際スポーツイベントを開催する主要国のひとつになっている。1998 年のサッカーワールドカップ、2003 年の世界陸上選手権大会や 2007 年のラグビーワールドカップなどの大会だけではなく、毎年開催されている競技もある。たとえば、テニスの全仏オープン、自転車ロードレースのツール・ド・フランス（Le Tour de France）、サッカーのクープ・ドゥ・フランス（Coupe de France）、自動車サーキットレースのル・マン（Le circuit des 24 heures du Mans）、F1 世界選手権のフランス・グランプリ（Grand Prix de France）、フィギュアスケートのフランス・グランプリ（Grand Prix de France）、マラソンレースのパリ・マラソン（Marathon de Paris）などがあり、これらのほか各地域で特色あるイベントが開催されている（france-voyage）。

　国際スポーツイベントにおいて、フランスの首都パリは 2024 年のオリンピックとパラリンピックに 2015 年 6 月 23 日、正式に立候補を表明した。そして 2017 年 9 月 13 日にリマで開催された IOC 総会においてパリが開催地として決定した。最終まで争った 2 つの都市は、2024 年のパリ大会と 2028 年のロサンゼルス大会とそれぞれの開催地となった。パリで開催されるオリンピックは、1900 年、1924 年に続いて 100 年ぶりである。1900 年の第 2 回では、女子の初めての参加やパリ万国博覧会との同時開催であったことなどが特徴として挙げられ、1924 年の第 8 回では 44 の参加国によって 19 の競技が行われた。一方、冬季オリンピックもこれまでに、1924 年の第 1 回シャモニー・モンブラン、1968 年の第 10 回グルノーブル、1992 年の第 16 回アルベールビルにおいて 3 回開催された。これまでのフランスで開催されたオリンピックとは異なり、2024 年のパリオリンピックでは目標のひとつに「参加型オリンピック」を掲げており、「フランスの生活の中にスポーツを位置づけ、私たち一人一人の中にある内なるアスリートを目覚めさせることである。」とし、さらに「フランス全土の人びとにスポーツを日常生活に統合するよう呼びかける。」と発表された（Paris, 2024, 公式サイト）。では、フランスにおいて人びとはスポーツをどれくらい日常生活に取り入れているのだろうか。本章では、オリンピックや毎年開催されているスポーツの観戦だけでなはなく、人びとがライフスタイルの中でどのようにスポーツと関わっているのかに着目したいと考える。

　フランスのスポーツについては、ティエリ・テレ（2019）による近現代を通したスポーツの歴史についての研究がある。日本においても齋藤健司（1994）は、フランスが歴史的にスポーツ法制度の整備を進めた過程を明らかにしている。スポーツ政策については、文部科学省が「フランスは世界のスポーツおよびスポーツ政策をリードしている国の一つである。」として政策の基本制度をまとめた報告を発表しており、基盤となるスポーツ基本法が体系的かつ総合的に整備されていったことを示している。一方、渡辺和行（2013：269-286）の研究では、1936年に可決された有給休暇法と週40時間労働法により、ヴァカンスや週末が保障されることになり、余暇の民主化によってフランス人のライフスタイルを変える文化革命の始まりであったと指摘している。そして、フランスは20世紀に入ると労働者においても、スポーツは「観戦」するだけではなく「参加する」という概念へと変化し、スポーツへの国民的関心が高まっていったと示されている。以下では、これまでの先行研究を参考に、近現代におけるフランス社会の変化を踏まえつつ、パリ市民のスポーツウェルネスについて考察を試みる。

2.　フランスのスポーツと余暇

　フランスのスポーツ政策や余暇について、どのような過程をたどってきたのであろうか。フランスでは、第一次世界大戦後の大衆文化が発展するなか、1936年に余暇・スポーツ庁が設置されたことによって、スポーツが多くの人びとに広まっていった。1975年に続いて1984年にスポーツ基本法が制定され、2006年にはスポーツ法典が編纂された。そして2010年には単独のスポーツ省が設置された（文部科学省，2011）。

　こうした政策が整備されていったとともに、パリでは19世紀半ばから20世紀初頭に都市の余暇における娯楽が見られるようになっていった。ジュリア・クセルゴ（2010：151-157）は、19世紀の労働の近代化とともに非労働時間における自由時間を捻出するようになり、この時間を有効活用とするレジャー産業を利用する「余暇」が誕生したと述べている。フランスでは19世紀なかばに緩やかに産業革命が進み、1864年に労働者の団結権が認められ賃金労働者層が形成されたことによって、労働と余暇が区別されるようになっていった。19世紀後半には、自由時間の市場と娯楽の都会的文化が広まり、ブルジョワのエリートだけではなく大衆にも自由時間における余暇を生産的に活動したいという意欲をもたら

した。有給休暇や週末の休日の活用がレジャー産業に広がり、娯楽の産業的かつ商業的組織を通して制度化がみられ、豪華ホテル、豪華客船、豪華列車などが余暇のモデルになっていった。

さらに、大衆の娯楽の要望に応える「組織された祝祭」が行われるようになり、その象徴的な出来事として、パリで開催された万国博覧会やオリンピックが挙げられよう。20 世紀に入り、余暇・スポーツ庁が設置されると、学校の体育の授業の必修化やスポーツ施設の建設に向けた要望があがり、253 の競技施設の建設案が承認されたのち、室内プール、運動公園、体育館、各種競技場が建設された（渡辺，2013：282）。フランスでは、有給休暇制度が確立された 1936 年をきっかけに、人びとの生活のなかに余暇やスポーツが普及していくことになったのである。

また、アメリカのハルバート・ダンは、1961 年に肉体的な健康だけではなく、余暇をいかに楽しむかというライフスタイルや生き方など総合的に捉えた「ウェルネス」の概念を提唱した（ウェルネスアカデミー）。つぎに、こうした歴史を経た現代のフランスのスポーツ活動の実態とともに、広義としてのウェルネスについて見ていくこととする。

2.1 フランスにおけるスポーツウェルネス

フランスにおける身体活動またはスポーツ活動の頻度について、国立スポーツ振興センター（CNDS）、スポーツ局（Direction des Sports）、国立スポーツ・専門技術・競技力向上学院（INSEP）、国民教育省研究・観測・統計調査班（MEOS）による調査が行われた（文部科学省，2011）。その中の一部を紹介しておきたい。

表 1 は、主要な身体活動またはスポーツ活動上位 18 項目における男女別と年代別の割合である。もっとも多かったのが、「余暇の歩行（散歩）」であり、男女ともに高く、そして 50 歳以上の 62％だけではなく、15 歳から 29 歳の年代においても 36％が占めている。また、項目のなかの、歩行（散歩）、水泳、自転車、マウンテンバイクの活動には「余暇」が明示されている。かつて首相を務めたレオン・ブルムが「余暇とスポーツはともに労働者にとって健康を意味し、一種の自然な生活との調和であった」（吉田八重子訳，1975：115）と述べているように、生活のなかで自分のために過ごす時間に余暇やスポーツを取り入れていくことが、健康的なライフスタイルとなっていった。

表1　フランスで行われている主要な身体活動またはスポーツ活動上位 18 項目
（15 歳以上）2010 年

身体活動または スポーツ活動	実践者数 （100万人）	実践の割合（%）				
		全体	男性	女性	15-29 歳	50 歳以上
余暇の歩行（散歩）	27.8	53	47	58	36	62
余暇の水泳	12.7	24	23	25	31	17
実用的な歩行	12.6	24	19	29	30	18
余暇の自転車	11.8	22	24	21	22	19
海水浴	8.1	15	15	16	17	11
アルペンスキー	5.7	11	13	9	17	5
ペタンク	5.5	10	14	7	10	10
サッカー	5.3	10	19	2	28	1
ハイキング	4.8	9	9	10	5	10
軽いジョギング	4.6	9	11	7	18	2
余暇のマウンテンバイク	4.4	8	12	5	11	5
筋力トレーニング	4.2	8	12	4	18	3
ジョギング	3.8	7	9	6	12	3
釣り	3.6	7	12	2	7	7
卓球	3.5	7	10	4	12	3
山歩き	3.4	6	7	6	6	5
テニス	3.1	6	8	4	12	2
実用的な自転車	2.9	6	6	5	8	4
少なくとも 1 つの身体的 またはスポーツ的種目	47.1	89	87	91	94	84

出典：文部科学省「諸外国のスポーツ振興施策の状況（フランス）」2011 年
enquête《Pratique physique et sportive 2010》

2.2　大都市圏におけるスポーツウェルネス

　フランスでは、表 1 の調査以外にもフランス国立統計経済研究所 INSEE（L'
Institut National de la Statistique et des Études Économiques）（以下 INSEE とする）
においても調査を行っている [1]。2009 年から 2015 年に行った「身体的活動また
はスポーツ活動」についての調査結果を取りあげてみたい。
　表 2 は、フランス大都市圏の一般世帯に居住する 16 歳以上を対象として、身
体的またはスポーツ活動を実践している男女の割合の変化についての結果であ

表2　2009年〜2015年　フランスにおける身体的またはスポーツ活動を実践している
男女別の割合の変化（%）

(対象：フランス大都市圏の一般世帯に居住する16歳以上)

	男性			女性		
	2009年	2012年	2015年	2009年	2012年	2015年
過去12か月間に少なくとも1回のスポーツ活動	49.6	50.7	49.7	39.5	44.1	44.6
定期的に、少なくとも週に1回	31	32.3	33	25.9	29.5	31.7
定期的であるが、週に1回未満	2.6	2.3	2.9	1.3	1.5	1.4
時々、一年に1回以上	10.2	10.3	8.4	8.3	8.9	7.8
たまにまたはめったに	5.8	5.8	5.4	4	4.2	3.7

出典：INSEE、Évolution de la part de femmes et d'hommes déclarant pratiquer une activité physique ou
sportive entre 2009 et 2015,tableau-figure2 より筆者作成
https://www.insee.fr/fr/statistiques/3202943（2022年10月18日閲覧）

る。2009年、2012年、2015年の結果から、身体活動またはスポーツ活動を過去
12か月間に少なくとも1回はスポーツ活動を行ったという回答がいずれの年に
おいても男女ともに高く、40〜50％の比率である。一方、定期的もしくは少な
くとも週に1回という回答は、男女ともに30％前後の比率になっており、3人に
1人は実践しているようである。

表3　男女別の実践した身体的または
スポーツ活動　2010年

複数回答可（%）

	男性	女性
体操	5.8	20.5
ダンス	9.5	14.9
ウォーキング	61.3	74.3
水泳、水泳	16.9	20.2
サイクリング、自転車	26.6	18.4
ランニング	18.3	10.9
その他のスポーツ	18.7	9.1
ラケットスポーツ	10.6	4.9
チームスポーツ	16.8	3.9

出典：INSEE, Activités physiques ou sportives
pratiquées par les femmes et les hommes en
2010, tableau-figure3 より筆者作成
https://www.insee.fr/fr/statistiques/3202943
（2022年10月18日閲覧）

表3は、同様の対象者に過去4週
間にどのような身体活動あるいはス
ポーツ活動を行ったかについての調
査結果である。これらの項目のなか
で、男女ともウォーキングが最も高
く、女性は74.3％、男性は61.3％を
占めている。

続いて表4は、身体的またはスポ
ーツ活動の動機についての調査であ
る。男女ともに「楽しむ」と「体調
を維持する」という回答が多く、「ス
トレスを解消する」と「友達と一緒
に時間を過ごす」もおよそ半数以上
が動機としている。

INSEEの調査結果から、スポー

ツ活動においてウォーキングが男女ともに1位であり2位以下を大きく引き離している比率である。

パリの面積は約105平方キロメートルであり、日本の首都である東京と比べると6分の1程度である。一方、人口は2019年においてパリは約216万人であり、東京の約965万人に対して5分の1程度である。パリは東京よりも人口密度が

表4　2010年の女性と男性の身体的またはスポーツ活動の動機（%）
（対象：フランス大都市圏の一般世帯に居住し、過去4週間に身体活動またはスポーツを行った16歳以上）

	男性	女性
楽しむ	83.1	78.6
体調を維持する	72.6	73.8
ストレスを解消する	51.1	56.6
友達と一緒に時間を過ごす	53.2	49.2
他の人に会う	31.3	29.2
体重を減らす	17.6	23.8
その限界を超えて	20.5	11.3

出典：INSEE, Motivations de la pratique physique ou sportive pour les femmes et les hommes en 2010, tableau-figure5 より筆者作成 https://www.insee.fr/fr/statistiques/3202943（2022年10月18日閲覧）

高いと言えるが、では、パリ市民はどこでウォーキングをはじめとするウェルネス活動を行っているのだろうか。つぎに、スポーツウェルネスの場について見ていくこととする。

3.　スポーツウェルネスの場

フランスではスポーツクラブに加入している人は2018年で約1,678万人という調査結果があり、人口の27%が利用している（文部科学省, 2011）。しかし、表1では余暇の歩行（散歩）が、表3ではウォーキングが高い割合を占めていることから、スポーツクラブ以外の場で身体活動を行っている人が多いと考えられる。したがって、パリの都市計画を通して、市民にとってのスポーツウェルネスの場を検討していきたい。

3.1　パリの庭園・公園・森
18世紀末のアンシャン・レジーム（旧制度）まで、宮殿をはじめ広場や庭園などの国王所有地があり、貴族は封建領主として国土の大半を所有していた。しかし、フランス革命ののち、王や貴族の所有地は国や行政に譲渡されることにな

った[2]。たとえば、17 世紀のルイ 13 世時代に王が建設したパレ・ロワイヤルの広場や庭園をはじめ、旧ブルボン王家の狩猟場であったヴァンセンヌの森や貴族のための狩猟場であったブローニュの森などは、のちに市民に開かれた場になっていく。19 世紀に入り行政改編が行われ、パリはアンシャン・レジームからもたらされた空間を活用しつつ、都市計画において公共整備を進めていった[3]。そして、ナポレオン 3 世の第二帝政期ではオスマン知事によるパリ都市改造が行われた。このとき、公園局長に抜擢された土木技師のアドルフ・アルファンは、都市公園や広場の設計を行った。計画のなかで、歩行者が行き交う大通りを「野外サロン」のようにするために通りの幅を広げることや、「緑の大通り」となるよう公園や庭園の周辺では並木で木陰をつくり散歩を楽しめるようにという構想が打ち出された[4]（小沢明訳，2011：26）。そして、ジュリア・クセルゴは、遊戯と教育とを巧みに混ぜる「組織された祝祭」を民主化させるため、第三共和政は息抜きのための公園を増やしたと述べている（2010：182）。19 世紀後半のパリでは、都市計画により新たな余暇の場が広がっていったのである。

　パリ市観光局によれば、現代のパリには公園や庭園が 500 以上あり、2,300 へ

図 1　パリの主要な緑地

出典：パリ市観光局公式サイト「パリの庭園、公園、森」より筆者作成

クタールの緑地にアクセスが可能であるとしている。図1はパリの主な公園を示したものである。森林が2か所、公園は16カ所であり、かつての宮殿であったチュイルリー公園（Jardin des Tuileries）やリュクサンブール公園（Jardin du Luxembourg）なども整備し、公園として市民に開放された。さらに、庭園が137か所、小公園が274か所、その他の散歩道などが21か所であり、パリ市の緑地面積は約30%におよんでいる。パリには、市民に開放された公共空間である庭園、公園、森が豊富に存在し、いつでも時間があるときにウェルネスの活動ができる環境が整備されているのである。

3.2 セーヌ河岸

　ウェルネスの場として、公園や広場などのほか、セーヌ河岸にも注目したい。

　パリの歴史は、セーヌ河 [5] と深く関わっていることは周知のとおりである [6]。パリの発祥は、紀元前3世紀にセーヌ河の中州、シテ島にケルト系の部族が集落を形成したことにある。集落ができると、河川を利用した船による交通が発展し、周辺では多くの物資が到着し、商業の場として中世に成長し繁栄していった。セーヌ河は、いつの時代においても人びとの生活に密接に関わってきたとともに、パリの象徴的な存在となっている（東出加奈子，2018：4）。また、現在のパリ市庁舎前広場（la place de l'Hôtel de ville）は、かつてグレーヴ広場と呼ばれていた。グレーヴ（Grève）とは、砂浜あるいは河川の砂州という意味である [7]。ここは、19世紀初めまで、グレーヴ港の砂浜から船が曳かれ荷揚げされていた地である。19世紀前半の河岸整備において、護岸工事などの目的から河川の曳き船道や給水場となっている斜面に段を造り、石を敷き詰め、河岸や港を垂直の壁によって高くしたことにより、砂浜の河岸は姿を消した [8]。

　現代のセーヌ河岸では、自動車道として都市交通路の一部になった時期があったが、2013年に左岸の一部が歩行者に開放されたことに続き、2017年から右岸では自動車が禁止され、公園として利用されるようになり市民にとって憩いの場となっていった。つぎに、セーヌ河岸でのスポーツウェルネスの事例を取りあげる。

4.　パリ・プラージュ

　パリでは、毎年夏にセーヌ河沿いで、「パリ・プラージュ Paris plages」と呼ば

れる催しが行われている。「plage」は、英語で beach ビーチを意味する語であり、日本語では、浜辺、海辺、海岸、海辺のリゾート、岸辺という意味である。パリは、地理的に海岸から直線でおよそ 200 km 離れた内陸都市であり、セーヌ河や運河が流れている。したがって、パリ・プラージュは、海から離れた都市でも、海辺のように砂浜を設け、浜辺のリゾートを味わえるようにというパリ市の催しということである。

4.1 パリ・プラージュのはじまり

　フランスは世界屈指の観光大国と言える。とりわけ首都パリは、1991 年、パリのシュリー橋（pont de Sully）からイエナ橋（pont d'Iéna）までの約 5 km のセーヌ河岸がユネスコによって世界遺産に登録された。登録の対象となったのは、河川そのものではなく、セーヌ河沿いの建築物を含む河岸一帯であり、都市計画および景観の発展に大きな影響を与えたという評価からである。観光都市パリは、博物館や美術館、歴史的建造物があり、滞在中のホテルや食事も伝統的な文化として存在するが、こうした豊かな建物や施設だけではなく、観光客を惹きつける多様な催しが行われている。COVID-19 が世界に蔓延する以前には、一年を通じて毎日パリのどこかの地で 300 近い催しが開催されていた。例えば、絵画の展覧会やモニュメント、博物館や美術館での特設催し、映画上映ならびに撮影、バレエ舞台、オペラ上演、ファッションコレクション、蚤の市、自転車ロードレース、モーターショー、菓子見本市、クリスマスイルミネーションをはじめ、夏にはパリを海水浴場に見たてたパリ・プラージュなどが行われていた。観光客が何度も訪れてみたいと思うよう、毎年趣向を変えての催しが企画されている。こうして、パリはリピーターも含めて多くの観光客を迎えているのだが、その一方、観光客向けの仕事を担っているパリ市民も多くいる。

　フランスの有給休暇制度は、1 年間で基本的に 30 日と規定されている [9]。有給休暇の取得日程を決定する権利は雇用主にあるものの、多くの人は日照時間が長くサマータイムを導入している夏に取得する。例えば、夏に 24 日間を取得し、残りは冬あるいは春に取るなどである。取得状況の実態は、30 日に対して平均 28 日であり、ほぼ有給休暇を消化している。こうした長期の休みをヴァカンスと呼び、パリ市民も夏にはパリを離れて長期旅行に出かける人が少なくない。

　しかし、夏にヴァカンス旅行に出かけることができないパリ市民もいる。まず、パリでは、夏に多くの観光客が訪れるため、パリで働く市民は有給休暇を 7

月から 8 月にかけて交代で取得するか、あるいは夏以外に取得する者もいる。そして、パリのなかで経済的格差があることから、ヴァカンスに出かけることが出来ない市民もいると考えられる。いかなる理由であれ、夏にヴァカンス旅行に出かけることが出来ない市民、とりわけ学校が休みになる子どもがいる家族にとっては、パリで楽しむ方法を見つけるしかないのである。こうした背景によってパリ・プラージュは、パリ市民のために都会にいながらリゾート気分を味わうことができる催しとしてはじまった。

　2002 年に当時のパリ市長であったベルトラン・ドラノエ（Bertrantd Delanoë）の提案によって、パリ・プラージュが開催されることになった[(10)]。当初は、パリ市庁舎近くのセーヌ河岸に砂を持ち込み、砂浜を設置しビーチパラソルを設け、浜辺で日光浴を楽しむだけのものであった。海辺をイメージした催しのはじまりだったのだが、セーヌ河で泳ぐことと、トップレスでの日光浴は禁止したのである[(11)]。こうした、内陸地において浜辺を楽しむというパリ市の試みが、行政によってはじめられたのである。

　当初のパリ・プラージュは、'paris plage' の表記だったが、2006 年からは 'paris plages' と最後に s が加わることになった。2002 年にパリ市が 'paris plage' を商標登録したのだが、別のトゥーケ（Touquet）という海岸沿いの地で、同様の名称を用いていたことから、パリ市がトゥーケを訴えたのである。しかし、トゥーケでは商標登録をしていなかったものの、パリ市が登録申請する以前の 1912 年から 'La commune du Touquet-Paris-Plage' の名称を使用していたことが分かった。し

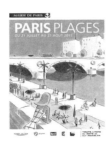

2011年　　　　　2012年　　　　　2015年　　　　　2016年

図2　パリ市発行ポスター　パリ・プラージュ

出典：パリ市公式サイト「Paris Plages」https://en-parisinfo-com.translate.goog/discovering-paris/major-events/paris-plages?

たがって、パリ市は違いを明確にするために 2006 年より 'Paris Plages' としたのである。

　こうして毎年夏にパリ・プラージュが開催されるなか、訪れる人は年々増加し、パリを訪れる観光客も楽しむようになり、セーヌ河岸では徐々に開催地の範囲を広げていった。つぎに、パリ・プラージュの地域と内容を年ごとに見ていくこととする。

4.2 パリ・プラージュの特徴

　開催が始まった 2002 年のパリ・プラージュは、期間を明確に設定することなく、セーヌ河岸の 1 カ所に砂浜のビーチを設置したものであった。そして翌年には、砂浜が増設されていった。パリ・プラージュの各年の日程と特徴は表 5 の通りである。2004 年からは、年によって曜日を考慮に入れながら約 4 週間の日程で設定されている（パリ市公式サイト，paris-plages）。

　パリ・プラージュの会場は、2006 年まで 4 区のパリ市庁舎前広場と、同じく 4 区のジョルジュ・ポンピドゥー路（La voie Georges Pompidou）であった。どちらの会場にも、砂を敷きつめ浜辺として催しが行われていく。市庁舎前広場では、誰もが楽しむことができる無料のコンサートや、ビーチバレーなどのスポーツが行われた。一方、ジョルジュ・ポンピドゥー路は、セーヌ河沿いの道路であり、開催期間は車を通行止めにして、会場を設営したのである。ここでは、セーヌ河沿いの 3 km もの長い距離に野外レストランが設置される年もあり、また、太極拳やペタンクなどのスポーツも楽しむことができ、あるいはデッキチェアとビーチパラソルが河岸に設置され、日光浴を楽しむことができる。

　パリ・プラージュは年を重ねるごとに趣向をこらし、訪れる人がしだいに増えていった。とくに、夏にパリにやってくる観光客が多く訪れるようになっていった。当初、パリ・プラージュを企画した際は、パリ市民にとっての浜辺を設けるというものであったが、会場がパリ中心地であり、世界遺産にも登録されていることを考えると、多くの観光客が訪れるのも必然なことであったかもしれない。こうしたなか、パリ市は市民のためのパリ・プラージュとなるために、パリ市庁舎から離れた 19 区のラ・ヴィレット貯水池（Le bassin de la Villette）の公園を 2007 年から加えたのである。このラ・ヴィレットの会場は、とりわけ子どもや家族で楽しめるような催しを多く行っていった。

　そして、2011 年には、パリ・プラージュ 10 周年記念として、ディズニーランド・

表5　パリ・プラージュの各年の日程と特徴

年	期　　間	特　　徴
2002	夏のヴァカンス中	・セーヌ河右岸　砂浜のビーチを1カ所設置
2003	8月初め	・セーヌ河右岸　砂浜のビーチを増設
2004	7月21日〜8月20日	・プール設置　・パリ市庁舎前広場でビーチバレー
2005	7月21日〜8月21日	・ブラジルをテーマとした催し　・ブラジルの音楽やダンス
2006	7月20日〜8月20日	・仏領ポリネシアをテーマとした催し ・フランス国立図書館　左岸にて開催プール設置
2007	7月20日〜8月18日	・19区のラ・ヴィレットが会場として加わる ・子どもたちにとって楽しめる多くの催し　遊泳・ボート
2008	7月21日〜8月21日	・7月21日は市庁舎前広場にてパリ・プラージュ初日コンサート ・ジョルジュ・ポンピドゥー路3kmに野外レストラン設置 ・ラ・ヴィレット会場にてアニメ上映
2009	7月20日〜8月20日	・セーヌ河沿いの浜辺の建物を現代風に新しくする ・市庁舎前広場無料コンサート ・ラ・ヴィレット会場子ども向け催し　遊戯・ボート
2010	7月20日〜8月20日	・ペタンク、プール、太極拳、社交ダンス、スポーツコーナーにおいてボクシング、バトミントン、テニスなどのスポーツ
2011	7月21日〜8月21日	・パリ・プラージュ10周年催し　来場者300万人 ・ディズニーランド・パリとのコラボレーション ・ルーヴル河岸とアルコル橋間の1kmに砂の浜辺を設営 ・ラ・ヴィレットに人工の波をおこしサーフィン
2012	7月20日〜8月19日	・セーヌ河右岸工事のため、数メートルを除いて砂浜設置
2013	7月20日〜8月18日	・ドラノエ市長任期最後のパリ・プラージュ
2014	7月19日〜8月17日	・28の無料コンサート開催　・ルーヴル美術館コレクション参加
2015	7月20日〜8月23日	・パリ市庁舎前広場（7月23日〜8月16日） ・ジョルジュ・ポンピドゥー路(7月20日〜8月16日) ・ラ・ヴィレット会場（7月20日〜8月23日）
2016	7月18日〜9月4日	・パリ市庁舎前広場　・ジョルジュ・ポンピドゥー路 ・ラ・ヴィレット会場
2017	7月20日〜9月4日	・期間拡大　・エリア拡大　・砂浜設置取りやめ（砂場あり） ・レジャーとリラクゼーションエリアを緑化
2018	7月7日〜9月2日	・パリ市庁舎前広場にはサッカーゲームやメリーゴーランド設置 ・ジョルジュ・ポンピドゥー路 ・ラ・ヴィレット会場にはプール、カヤック、カヌー、ペダルボート設置
2019	7月6日〜9月1日	・パリ市庁舎前広場ではダンスレッスン、コンサートなど開催 ・ジョルジュ・ポンピドゥー路にスクリーンを設置し電動ボートから映画鑑賞 ・ラ・ヴィレット会場には水深40cm、1.20m、2mの3つのプール設置
2020	7月18日〜8月31日	・パリ市庁舎前広場　・ジョルジュ・ポンピドゥー路 ・ラ・ヴィレット会場では水上シネマ上映
2021	7月10日〜8月22日	・コロナ禍で感染予防と健康対策を尊重しながら開催 ・セーヌ河岸公園　・トロカデロ広場　・ラ・ヴィレット会場 ・スポーツ会場　・水泳会場
2022	7月9日〜8月21日	・Paris Sport Vacances イベント開催 ・60を超える無料のスポーツ会場設置 ・7月10日〜8月22日　カヌー、カヤックポロなどスポーツ

出典：パリ市公式サイト「Paris Plages」より筆者作成
http://quefaire.paris.fr/parisplages.

パリが参加し、ミッキーなどのキャラクターも登場した。2014年には、ルーヴ
ル美術館所蔵のコレクションを市庁舎ホールに展示し、無料で観覧することがで
きた。このように、毎年新たな企画を取り入れ、さまざまな催しが行われるよう
になっていった。では、2015年はどのような内容であったのか、見ていくこと
とする。

　2015年のパリ・プラージュは、3カ所の会場で開催された。パリ市庁舎前広場、
ジョルジュ・ポンピドゥー路、そしてラ・ヴィレットにおいてであった。5,000
トンもの砂が2日間かけて河川輸送で運び込まれ、人工の浜辺が設置された。こ
の年は、会場によって開催期間が多少異なっていた。パリ市の公式サイトや図3
と図4のパリ・プラージュ案内から、どのような内容であったのか確認していこ
う(12)。

　まず、市庁舎前広場は7月23日から8月16日までで、サン・ルイ島にかかる
シュリー橋（Pont de Sully）からシテ島近くのポン・ヌフ（pont Neuf）あたりま
でのセーヌ河岸で行われ、砂を持ち込んだ浜辺が設けられ、デッキチェアとビー
チパラソルが設置された。パリ市発行の図3を見ると、河岸では、レストランを
はじめ、コンサートやダンス、ゲーム、スポーツ、曲芸などの催しが毎日行われ
る。市庁舎前広場にも、砂を敷き、ビーチバレーとバスケットボールのコートが
設置された。ビーチバレーは、4つのコートが設置され、毎日13時から20時ま
で利用できる。また、バスケットボールは子ども用のコートと背中あわせに大人
用コートが設置されている。この年の9月にフランスで開催されるユーロ・バス
ケットボール大会があったため、取り入れた催しである。

　ジョルジュ・ポンピドゥー路は7月20日から8月16日まで、アートギャラリ
ーが催される。月曜日から金曜日は13時から18時30分まで、ただし水曜日と
金曜日は20時までで、週末は10時から18時30分までである。また、そこには
飲食店が出店され、飲食スタンドが2店舗、アイスクリーム店が2店舗、飲み物
店が6店舗設置された。

　そして、ラ・ヴィレットは7月20日から8月23日までで、会場における催し
はパリ市が発行する図4の通りであり、内容を見てみよう。まず、ラ・ヴィレッ
ト貯水池沿いには、野外レストランが1カ所、カフェが4カ所、アイスクリー
ム店が2カ所設置された。そして、スナックバーが11時から夜中まで設けられ
ている。野外レストランは、毎日10時から夜中まで、試飲や料理を味わうこと
が出来る。また、ウルク運河ではダンスをする人のためにダンスパーティーを7

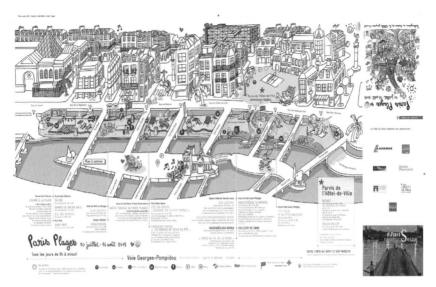

図3　2015年パリ・プラージュ「パリ市庁舎前広場」
出典：パリ市公式サイト「2015Paris Plages」http://quefaire.paris.fr/programme

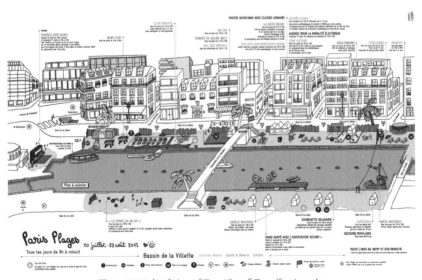

図4　2015年パリ・プラージュ「ラ・ヴィレット」
出典：パリ市公式サイト「2015Paris Plages」http://quefaire.paris.fr/programme/88354_
paris_plages_bassin_de_la_villette

月4日から8月23日までの週末に催す。このためにウルク運河の連絡船を1ユーロあるいは2ユーロで運行する。子どもも楽しめる催しとしては、回転木馬（manège）は3歳から7歳を対象に、毎日13時から20時までである。高架移動滑車（Tyrolienne）は6歳から17歳を対象に貯水池を横切る催しで、毎日13時から20時まで、160メートルの距離かつ水上から8メートルの高さを往来する。考古学の浜辺（Archéo Plage）では8歳から12歳を対象に、毎日13時から18時までであり、土曜日の16時にはすべての人を対象として考古学者に会うことができる。携帯電話代理店（la Mobilité Electrique）は8月14日までの水曜日から金曜日の14時から18時までである。読書コーナー（Coin Lecture）は0歳から12歳までの一人だけあるいは付添人も対象に、火曜日と木曜日の16時から18時まで、パリ市図書館の図書を利用してであった。漫画（la Bédéthèque）スペースでは漫画を描くための年齢を対象者として、毎日12時から20時まで楽しむことができ、漫画の売買は水曜日と土曜日の同時間行われる。水上ボートは車輪のついた水上自転車や、カヌー、電動式ボートがあり、毎日13時から20時までである。スポーツを楽しむ浜辺もあり、6歳以上を対象にサッカーやテニスなど自由に利用できる設備で、毎日13時から20時までである。太極拳（Tai-Chi）は毎日10時から12時、社交ダンス（Danses de Salon）は、毎日17時から20時までで、月曜日はアルゼンチンタンゴ、火曜日はアコーディオンの音楽、水曜日はサルサ、木曜日は民族ダンス、金曜日はルンバ、土曜日はダンスパーティー、日曜日はロックンロールとなっている。子どもたちのダンス（Bal des Enfants）は毎週日曜日の15時から17時である。サッカーゲーム版（Baby-Foot）は毎日13時から20時までである。夜のダンス（Soirées just Dance）は、8月22日土曜日16時から夜中までと8月23日日曜日の16時から20時までである。これらの催しのほかに、砂浜を設けたビーチパラソルやミストシャワーがあり、暑い夏の避暑地としても利用された。

　そして、フランスの公衆トイレは一般的に有料であるが、3カ所におけるパリ・プラージュの開催地では、無料の簡易トイレが設置されていて、長い時間をゆっくりと過ごすことができるようになっている。

　ところで、パリ・プラージュにかかる費用はどれくらいであったのであろうか。開催費用は公共行事のためにパリ市が提起したものの高い費用が必要となっていった。浜辺の整備やスポーツ催しの設置工事、そして進行する人たちへの報酬などがかかる。2002年以来、パリ市議会は開催費用の理由においてこの計画につ

いてためらう意見もあった。2002年から2011年の間に、パリ・プラージュにかける費用は50%引き上げられ、150万ユーロから220万ユーロ、そして2009年には250万ユーロとなっていった。徐々に増加していく費用の対策として、パリ市は、開催活動費を民間会社のスポンサーと分担するという方法を取った。たとえば、2004年では200万ユーロの予算に対して、カフェの施設使用量やスポンサーによって、1.4倍の財政を得た。実際、2015年のパリ・プラージュを見ると、広告看板や出店などによって企業の協賛を得ているのがわかる。毎年、催しの規模が大きくなるにしたがって、資金も必要になってくることから、こうした民間会社からの協力もあり、継続していくのである。

4.3 セーヌ河岸とラ・ヴィレットの開催

　パリ・プラージュの開催地として加わった、ラ・ヴィレットはどのような場であったのだろうか。ラ・ヴィレットは、1860年のパリ市拡張までは、パリ郊外に位置し、ここには、1784年から1788年まで入市税の関所が設置されていた。当時森林であったラ・ヴィレットに、1805年から1809年に、長さ800メートルで幅が80メートルの広大な貯水池が建設された。これだけの広い貯水池は、娯楽としても利用され、レジャー用の船で楽しんだり、夏には水上槍試合が行われ、冬には完全に凍ることからアイススケートなどでにぎわう場として活用されていた[13]。ラ・ヴィレット貯水池の建設ののち、セーヌ河の河川網として、1821年にサン＝ドゥニ運河、1822年にウルク運河、そして1825年にサン＝マルタン運河の3つの運河が建設された[14]。（図5）これらの運河は、主に2つの目的から計画され、それぞれ異なる機能を目指した。第一の目的は、ウルク運河の建設は船の航行の

図5　パリの運河とラ・ヴィレット
出典：Backouche, I. (2000) La trace du fleuve, La Seine et Paris, 1750-1850, p.347. より筆者加筆

ためだけではなく、パリに飲料水を供給するために給水所を設置することであった[15]。第二の目的は、舟運のセーヌ河の上流と下流を結び、ショートカットするためにサン・ドゥニ運河とサン・マルタン運河を建設した。これらの2つの運河は、高地を通りラ・ヴィレットを経由して、セーヌ河の上流から下流まで結んだ。つまり、船がパリの中心を通らずに迂回するということが可能になった。こうして、運河建設後のラ・ヴィレットは、それまで全面的に頼っていたセーヌ河の航

図6　セーヌ河岸のパリ・プラージュ　Parc Rives de Seine
出典：パリ市公式サイト
https://en-parisinfo-com.translate.goog/discovering-paris/major-events/paris-plages?

図7　ラ・ヴィレットのパリ・プラージュ Paris Plages Bassin de la Villette
出典：パリ市公式サイト
https://en-parisinfo-com.translate.goog/discovering-paris/major-events/paris-plages?

行を助け、河川における物資の輸送を取り入れる港の役割を担うことになった（東出加奈子，2018：76-78）。そして、交通網の発展により河川港の役割を終えた 1986 年には、ラ・ヴィレットは科学産業都市として再開発され、近代的な建築物が建ち並び、貯水池沿いには芝生が張り巡らされ、公園としてパリ市民の憩いの場として利用されるようになっていった。このラ・ヴィレットの地が、2007 年からのパリ・プラージュの開催地のひとつとして活用されることになっていったのである。

図 6、7 は、2021 年にセーヌ河岸とラ・ヴィレットで開催されたパリ・プラージュの様子である。セーヌ河岸にはパラソルやデッキチェアが設置され、ラ・ヴィレットにはプールが設置された。コロナ禍ということで、マスク着用と距離を保つことを推奨し、消毒用ジェルを設置するとともに COVID-19 の検査場も設けて開催された。また、2024 年のパリオリンピックに向けて、トロカデロ広場でのイベントも行われ、3 × 3 バスケットボール選手権やコンサートが繰り広げられた。そして、2022 年にはパリ・スポーツ・ヴァカンス ‘Paris Sport Vacances’ を掲げ、あらゆる年齢層が楽しめるスポーツ会場を設置し、カヌー、カヤック、自転車、ボート、ペタンク、ボルダリングなどの会場を設置し開催された（パリ市公式サイト，paris-plages）。

5.　おわりに

　本章では、パリ市民がどのように日常生活にスポーツウェルネスを取り入れているのかを検証した。近現代の都市計画によって、パリ市民が共有できる公園、庭園、森、広場、セーヌ河岸などの公共空間がパリの至るところに存在し、長期のヴァカンスに限らず、休日にも余暇のウェルネスに活用していることが確認できた。人びとがライフスタイルのなかでスポーツウェルネスの活動ができる環境が整っていると言えよう。そして、2002 年からはじまった行政主催のパリ・プラージュの事例から、パリ市民が旅行に出かけなくても余暇を楽しむことができるイベントが継続して開催されていることが見て取れる。一例を取り上げたにすぎないが、パリではこうしたイベントが数多く行われており、都市空間を有効に活用していると言えよう。

　パリでは 2024 年にパリオリンピックが開催されることが決まり、7 月 26 日の開会式ではセーヌ河に 160 隻の船の運航が予定されている（パリオリンピック公

式サイト）。セーヌ河岸で毎年開催しているパリ・プラージュの場がオリンピックの開会式会場の一部になることは、余暇やスポーツウェルネスを楽しむ延長線上であって、パリ市民にとって特別なことではないかもしれない。

　都市計画については、2014年にパリ市長となったアンヌ・イダルゴが、2020年に再選されたときに「パリを緑でいっぱいの都市へ」という公約を掲げ、自動車中心の道路を歩行者や自転車用にすることを提唱した。イダルゴ市長は、車社会から自転車や徒歩の移動手段を促す政策を打ち出したのである。すでに、セーヌ河岸をはじめとする主要な道路は、自動車の通行が禁止され、自転車専用道路へと変わっている。この政策において、パリ市はオリンピックより先の2030年を目指して、ヨーロッパで最も緑が多い都市になる「緑化プロジェクト」を進めている。たとえば、パリ市庁舎やリヨン駅などの周辺に「都市の森」を設置する計画があり、2026年までにパリ全体で17万本以上の木を植え、2030年までに市の50％を植樹地にするとしている。また、シャンゼリゼ通りに緑と歩行者のエリアを新たに設け、庭園へと改修するとしている。さらに、コンコルド広場を公園に整備する計画もある（パリ市公式サイト）。

　つまり、パリでは公園や庭園がさらに増えていくということである。この「緑地プロジェクト」によって、パリにスポーツウェルネスの場がさらに広がることを期待したい。

付記

　本章の4. パリ・プラージュの節は、筆者がこれまでに発表した以下の論考をもとにしている。本著の趣旨に照らした内容に加筆し、いずれも最新のデータに修正を行った。転載を許可してくださった紀要委員会に御礼申し上げる。
東出加奈子（2016）「パリ・プラージュにみる地域行政の特殊性―内陸地における河川の活用―」『京都文教短期大学研究紀要』第54集，pp.1-11.

引用文献・史料

齋藤健司（1994）「フランスにおける『スポーツ組織に関する1940年12月20日の法律第2498号』の成立について」慶応義塾大学体育研究所紀要，vol.34，No.1，pp.73-81.
渡辺和行（2013）『フランス人民戦線―反ファシズム・反恐慌・文化革命―』人文書院.
東出加奈子（2018）『海港パリの近代史―セーヌ河水運と港―』晃洋書房.
ジュリア・クセルゴ「都市の余暇の拡がりと変動―19世紀から20世紀初頭のパリ―」アラン・コルバン編，渡辺響子訳（2010年新版）『レジャーの誕生（上）』藤原書店.
レオン・ブルム，吉田八重子訳（1975）『人間から人間へ―わが人民戦線の回想―』人文書院.
ハワード・サールマン：小沢明訳（2011）『パリ大改造―オースマンの業績―』井上書院.
Rouleau, B. (1997) *Paris, histoire d'un espace*, Seuil.

Pinon, P. (1994)《Projets de canaux》, *Les canaux de Paris*, Délégué général à Artistique de la Ville de Paris.

Cilleuls, A. (1900) *Histoire de l'administration parisienne au XIXe siècle*, Tomes. 1-3, Paris.

Loi relative domains nationaux aux concessions et échanges qui ont été faits, et aux apanages, 1er décembre 1790.

Lois et actes du gouvernement (1834) Impr. Royale, vol.2.

Les préfets en France, 1800-1940, (1978) Genève.

Archives nationales, F13 944, Rapport du comte de Molé au sujet du cahier des charges de l'adjudication du pavé de Paris, valable du 22 mars 1810 au 1er avril 1820, 25 décembre 1810.

文部科学省「諸外国のスポーツ振興施策の状況（フランス）」（2011）https://www.mext.go.jp/component/a_menu/sports/detail/__icsFiles/afieldfile/2011/08/03/1309352_009.pdf（2022年10月18日閲覧）

一般社団法人ウエルネスアカデミー　http://www.wellness-ac.jp/outline/outline_voice.html（2022年10月18日閲覧）

パリ観光局公式サイト「パリの庭園、公園、森」https://ja.parisinfo.com（2022年9月30日閲覧）

パリオリンピック2024公式サイト「Paris, 2024」https://www.paris2024.org/fr/（2022年10月30日閲覧）

INSEE (L'Institut National de la Statistique et des Études Économiques), Évolution de la part de femmes et d›hommes déclarant pratiquer une activité physique ou sportive entre 2009 et 2015, tableau-figure2, tableau-figure3 et tableau-figure5. https://www.insee.fr/fr/statistiques/3202943（2022年10月18日閲覧）

france-voyage フランス旅行「フランスでのイベント」https://www.france-voyage.com/（2022年9月30日閲覧）

一般社団法人ウエルネスアカデミー　http://www.wellness-ac.jp/outline/outline_voice.html（2022年10月22日閲覧）

フランス政府　http://travail-emploi.gouv.fr, Les congés payés, le 13 août 2015（2022年10月22日閲覧）

パリ市公式サイト MAIRIE DE PARIS. http://quefaire.paris.fr/（2022年10月22日閲覧）

パリ市公式サイト「Paris-Plages」https://en.parisinfo.com/discovering-paris/major-events/paris-plages（2022年10月22日閲覧）

パリ市公式サイト MAIRIE DE PARIS. http://quefaire.paris.fr/, Paris Plages 2015, Parvis de l'Hôtel-de-Ville. http://quefaire.paris.fr/, Paris Plages 2015, voies sur Berges Georges Pompidou. http://quefaire.paris.fr/, Paris Plages 2015, Bassin de la Villette.（2015年8月30日閲覧）

パリ市公式サイト「都市開発プロジェクト」https://www-paris-fr.translate.goog/projets-d-amenagements-urbains?（2022年10月30日）

参考文献

喜安朗（2008）『パリの聖月曜日―19世紀都市騒乱の舞台裏―』岩波書店.

星野映（2021）「第一次世界大戦後のフランス・スポーツ界とクーベルタン：1924年オリンピック・パリ大会の開催まで」『オリンピックスポーツ文化研究』6号，pp.87-102.

松井道昭（1997）『フランス第二帝政下のパリ都市改造』日本経済評論社.

岡本明（1992）『ナポレオン体制への道』ミネルヴァ書房.

東出加奈子（2022）「19 世紀セーヌ河の客船運航―パリ万国博覧会とバトー・ムーシュ」『寧楽史苑』第 67 号，97-118.

Terret, T. (2011) *Histoire du sport et géopolitique.* L'Harmattan.

Terret, T. (2019) *Histoire du sport, 6e édition.* Que sais-je?

Tulard, J. (1976) *Paris et son administration, 1800-1830,* Paris.

Georges Eugène Haussmann (1890) *Mémoires Du Baron Haussmann: Grands Travaux De Paris: Grands Travaux De Paris, 1853-1870.*

Cars, J. & Pinon, P. (1998) *Paris・Haussmann,* Pavillon de l'arsenal picard éditeur.

Réau, L. Lavedan, P. Plouin, R. Hugueney, J. Auzelle, R. (1954) *L'Oeuvre du baron Haussmann: Préfet de la Seine, 1853-1870.*

Corbin, A. (1998) *L'avènement des loisirs (1850-1960),* Aubier.

脚注

(1) 1946 年にフランスの公的統計作成と分析を行う「フランス国立統計経済研究所 INSEE（L'Institut National de la Statistique et des Études Économiques）」が設立された。

(2) Loi relative domains nationaux aux concessions et échanges qui ont été faits, et aux apanages, 1er décembre 1790. *Lois et actes du gouvernement* (1834) Impr. Royale, vol.2, p.160.

(3) 19 世紀のパリ行政に関しては、Tulard, J. (1976) *Paris et son administration, 1800-1830,* Paris. *Les préfets en France, 1800-1940,* (1978) Genève. Cilleuls, A, des. (1900) *Histoire de l'administration parisienne au XIXe siècle,* Tomes. 1-3, Paris. などが挙げられる。岡本明（1992）『ナポレオン体制への道』ミネルヴァ書房. はフランスにおけるナポレオン期の行政について論じている。

(4) 第二帝政期のオスマン知事によるパリ大改造については、多数の研究がある。たとえば、Georges Eugène Haussmann (1890), *Mémoires Du Baron Haussmann: Grands Travaux De Paris: Grands Travaux De Paris, 1853-1870.* Cars, Jean des. & Pinon, P. (1998) *Paris・Haussmann,* Pavillon de l'arsenal picard éditeur. Réau, L. Lavedan, P. Plouin, R. Hugueney, J. Auzelle, R. (1954) *L'Oeuvre du baron Haussmann: Préfet de la Seine, 1853-1870.* などがある。ハワード・サールマン、小沢明訳（2011）『パリ大改造―オースマンの業績―』井上書院, p.115. では「現代のパリの建物や街路の約 60％はオスマンの時代に建設された」と述べている。日本においても、松井道明（1997）『フランス第二帝政下のパリ都市改造』日本経済評論社. の研究がある。

(5) 日本語で「河」と「川」があるように、フランス語も「fleuve」と「rivière」があり、fleuve は海に注ぐ大きな河の意味をもち、セーヌ、ロワール、ローヌ、ガロンヌはフランスの四大河川と言われていることから、筆者は一貫して「河」の字を用いることとする。

(6) 代表的なものとして、Favier, J. (1997) *Paris. Deux mille ans d'histoire, Fayard,* Paris, p.9. Lavedan, P. (1993) *Nouvelle histoire de Paris, Histoire de l'uranisme à Paris,* Hachette, pp.71-74. あるいは FIERRO, A. (1996) *Histoire et dictionnaire de Paris,* Paris, pp.1108-1109. La

Pochothèque (2014) *Dictionnaire historique de Paris*, Le livre de poche, pp.726-728. がある。日本語訳にもなっている、イヴァン・コンボー，小林茂訳（2002）『パリの歴史』白水社（文庫クセジュ）、pp.9-12. がある。

(7) 歴史的用語として、かつてグレーヴ広場に、失業者が職を求めて集まったことからグレーヴ（la Grève）は「ストライキ」という意味もある。

(8) Archives nationales, F13 944, Rapport du comte de Molé au sujet du cahier des charges de l'adjudication du pavé de Paris, valable du 22 mars 1810 au 1er avril 1820, 25 décembre 1810.

(9) フランス政府　http://travail-emploi.gouv.fr, Les congés payés, le 13 août 2015. フランスの有給休暇は、1936 年に 1 〜 2 週間と定められ、1956 年に 3 週間に延長され、2015 年 8 月 13 日から一部の職種を除き現在の制度となっている。

(10) 当時の市長であった、ベルトラン・ドラノエに関しては、八木雅子訳（2007）『リベルテに生きるパリ市長ドラノエ自叙伝』ポット出版. がある。

(11) パリ市公式サイト　MAIRIE DE PARIS http://quefaire.paris.fr/（2015 年 8 月 30 日閲覧）

(12) パリ市公式サイト　MAIRIE DE PARIS http://quefaire.paris.fr/, Paris Plages 2015, Parvis de l'Hôtel-de-Ville. http://quefaire.paris.fr/, Paris Plages 2015, voies sur Berges Georges Pompidou. http://quefaire.paris.fr/, Paris Plages 2015, Bassin de la Villette. （2015 年 8 月 30 日閲覧）

(13) Rouleau, B. (1997) *Paris histoire d'un espace*, Seuil, p.291.

(14) パリの運河建設とラ・ヴィレット貯水池については、東出加奈子（2018）『海港パリの近代史―セーヌ河水運と港―』晃洋書房，pp.71-94. で詳しく述べている。

(15) Pinon, P. (1994)《Projets de canaux》, *Les canaux de Paris*, Délégué général à Artistique de la Ville de Paris, p.78.

第4章

スポーツ経験とウェルネス・ウェルビーイングの関連性

―Jリーグの社会連携活動と観戦行動の事例から―

菅 文彦

1. 背景

1.1 ランニングの光景から

筆者が大学に通う道中には淀川支流の河川敷があり、時に応じてランニング姿の人々が行き交う光景がみられる。

本章タイトルに照らせば、その姿は「幸せになりたくて走っている」と形容すべきかもしれないが、そうした意識を常に持ちつつ走る人など常識的に考えれば皆無であろう。ただし、走ることによる気分の高揚感や爽快感、記録や理想フォーム体得の達成感、身体コンディションの変化、同好者との交流による充実感など、「ウェルネス」＝「心身の健康を基盤に、社会との良好な関係を含め、豊かなライフスタイルを愉しみ、幸せな人生を目指している状態」（植田,本書第1章）の一端が、ランニングという行為から発現されていると想像はできる。「ウェルネスはプロセスであり、ウェルビーイング（健康で幸福な状態）がその結果」との整理（同）に基づくと、その姿は「走ることで幸せに近づいている」（本人の自覚の有無は問わず）とは言い得るかもしれない。

ここでスポーツ基本法（2011）を持ち出すのも仰々しいが、「スポーツを通じて幸福で豊かな生活を営むことは、全ての人々の権利であり、全ての国民がその自発性の下に、各々の関心、適性等に応じて、安全かつ公正な環境の下で日常的にスポーツに親しみ、スポーツを楽しみ、又はスポーツを支える活動に参画することのできる機会が確保されなければならない」（前文一部抜粋）との言及があり、スポーツの側にも「スポーツと幸福の正の因果関係」を念頭に置いていることが分かる。「その自発性の下に」とあるように、ランニングも本人の自発的な行為と映るが、一概にそうとも言い切れない。健康のために体を動かすことの有用性を謳う惹句は世間に溢れ、街角掲示板を見回せばランニング大会の告知が並び、ポスターの隅には自治体の後援名義が記されている。スポーツを幸福で豊かな生活を営むための「手段」とみなし、その実践を行政が後押しする構図が定着している。

実際のところ、「幸福」を政策目標化する自治体は増加している。2014年に「幸福度指標」を策定した門真市（大阪府）は、幸福度を形成する因子として、①心身の健康、②仕事のやりがい、③身体的経済的不安の小ささ、④子育て環境、⑤子どもの健全成長。⑥支え合い、⑦近隣・コミュニティとのつながり、⑧地域の

一員の実感、⑨地域愛着、⑩治安や災害の不安の小ささ、⑪便利・快適性、⑫自然の実感、⑬文化芸術・スポーツ機会、⑭平和・人権、⑮環境保全意識、を挙げ、住民アンケート調査によるモニタリングを行っている。ほかにも熊本県（AKH：県民総幸福量）、新潟市（NPH：Net Personal Happiness）、浜松市（GHH：浜松総幸福量）、荒川区（GAH：荒川区民総幸福度）などがある。類似して「ウェルネス」をまちづくりの中核に据える「スマートウェルネスシティ」の首長研究会には、119 自治体が加盟している（2022 年）。

　本章では、スポーツ経験とウェルネス・ウェルビーイングの因果関係について考察を試みるが、前述のとおりウェルネスをプロセス（動的）、ウェルビーイングをゴール（静的）と捉えると、因果関係を検討するうえでは静的なウェルビーイングとスポーツ経験に関する変数を取り扱うのが妥当であろう。従って本章では、「ウェルビーイング」を中心に取り上げながら論をすすめることとしたい。

1.2　学術的にみるウェルビーイング

　ウェルビーイングに関する学術的概念でよく用いられるのが、Subjective Well-Being（主観的幸福感 以下 SWS）である。SWS の定義は一様とは言い難いが、「感情状態を含み、家族・仕事など特定の領域に対する満足や人生全般に対する満足を含む広範な概念」（Diener et al., 1999）が代表的である。

　SWS の構成要素は、「快適な人生」（pleasant life）、「よい人生」（good life）、「意味のある人生」（meaningful life）とされ、OECD（経済協力開発機構）は「生活評価」（ある人の生活またはその特定側面に対する自己評価）、「感情」（ある人の気持ちまたは情動状態）「エウダイモニア」（人生における意義と目的意識、または良好な正式的機能）の 3 要素に整理している（OECD, 2015）。

　SWS を規定する要因には、年齢や家族構成、所得、雇用形態など個人の基本属性や社会経済的状況に加えて、「日々の感情」（Warr et al., 1983；佐藤・安田, 2001）という感情的側面と、生活状況に対する認知的側面として「対人関係・ソーシャルサポート」（Thompson et al., 2005）「適応・レジリエンス」（Sinclair & Wallston, 2004）「関与・エンゲージメント」（Shimazu et al., 2008）「人生の意義」（Gill et al., 2011）などが示されている。感情・認知的側面を平たく表現すれば、「ポジティブな感情の中で生活を営み、良好な人間関係に恵まれ、困りごとがあれば手助けしてくれる人がおり、不遇や困難を乗り越える力が自分にはあると認識し、仕事や学校生活に充実感を得て、生きがいを感じている人」ほど SWS が高いと

整理できる。

　スポーツ経験が当事者本人の基本属性や社会経済的状況を直ちに変更することは考えにくいが、感情・認知的側面に何らかの影響を及ぼし、SWS の向上に寄与する可能性は検証に値するであろう。スポーツと SWS（類似概念も含む）に関する先行研究には、アウトドアレジャーも含めてスポーツを「する」行為と SWS の関係性に着目したものがある（Mannel, 2007；児島・伊藤, 2019）。スポーツを「する」行為は、快感情の獲得、QOL（生活の質）向上などを通じて SWS に正の影響を及ぼすと考えられている。一方、スポーツを「見る」行為と SWS の因果関係の検証事例は限られており、さらなる実証研究が待たれる。

2. するスポーツとウェルビーイング

2.1 Jリーグの「シャレン！」

　スポーツ経験と SWS の関係に着目した時に注目できるのが、「スポーツで、もっと、幸せな国へ」を理念とする Jリーグ（日本プロサッカーリーグ）である。Jリーグは発足当初よりホームタウン活動と銘打ち、本拠とする地域の社会課題解決の取り組みを推進している。自治体と J クラブ間の連携協定の事例も数多い（表1）。

　連携協定の内容をみると、「健康」を主眼とする事例が一定程度存在している。最も多いのは「スポーツ振興」であるが、その中身を紐解けば住民のスポーツ実施率向上による健康寿命の延伸を目的とする事例も目立つ。自治体の側は、高齢化社会の到来に伴う「住民の健康増進」への対処が不可欠と認識しており、それを解決すべく J クラブとの連携に期待を寄せている。

　自治体との連携を基盤として、近年 Jリーグでは「シャレン！」（社会連携活動）を拡大させている。「シャレン！」とは、「社会課題や共通のテーマ（教育、ダイバーシティ、まちづくり、健康、世代間交流など）に、地域の人・企業や団体・自治体・学校などと Jリーグ・J クラブが連携して、取り組む活動」であり、「3社以上の協働者と、共通価値を創る活動を想定しており、これらの社会貢献活動等を通じて、地域社会の持続可能性の確保、関係性の構築と学びの獲得、それぞれのステークホルダーの価値の再発見」につなげるものとしている（Jリーグ公式サイト）。

「シャレン！」の数ある取り組みの中にも、住民の幸福度向上を謳う「健康・元

表1　自治体 J クラブ間の連携協定（主要なもの）

J クラブ	締結年	協定先自治体	協定名称	協定内容の領域
コンサドーレ北海道	2013	洞爺湖町	包括連携協定	観光
	2018	釧路市	包括連携協定	スポーツ振興，観光，健康，指導育成
	2017	紋別市	相互交流に関する協定	スポーツ振興，観光，健康，指導育成
ベガルタ仙台	2016	石巻市	復興支援連携協定	スポーツ振興，健康，教育
水戸ホーリーホック	2008	茨城県	茨城空港利用促進の連携協力協定	観光
	2018	城里町	旧七会中学校の跡地利用整備に関する協定書	学校跡地利用，交流
栃木 SC	2018	栃木県内 11 市町	パートナーシップ協定	指導育成
浦和レッズ	2010	さいたま市	協定	スポーツ振興
大宮アルディージャ	2014	さいたま市	特定健康診査等受診率向上対策に関する協定	健康
東京ヴェルディ	2012	多摩市	まちづくりの推進に関する基本協定	スポーツ振興
川崎フロンターレ	2015	陸前高田市	友好協定	スポーツ振興，観光，指導育成
横浜 F マリノス	2016	横浜市港北区	ホームタウン活動に関する基本協定	スポーツ振興
	2018	神奈川県	未病対策の推進及びスポーツ振興に関する連携協定	スポーツ振興，健康
横浜 FC	2018	横浜市保土ケ谷区	ホームタウン活動等に関する基本協定	スポーツ振興
SC 相模原	2011	相模原市	自殺対策事業における協力に関する協定	自殺対策
ヴァンフォーレ甲府	2017	山梨県	包括連携協定	スポーツ振興，観光，移住促進，県産品 PR
アルビレックス新潟	2015	新潟市	自転車利用推進協定	自転車利用推進
松本山雅 FC	2014	松本市	「健康寿命延伸都市・松本」プロジェクト協定	健康
	2015	長野県	スポーツによる元気な信州づくり包括連携協定	スポーツ振興，観光，教育
AC 長野パルセイロ	2015	長野県	スポーツによる元気な信州づくり包括連携協定	スポーツ振興，観光，教育
	2016	長野市	ホームタウンまちづくり包括連携協定	スポーツ振興，観光
アスルクラロ沼津	2017	静岡県内 8 市町	パートナーシップ協定	スポーツ振興，観光，商業振興，教育
名古屋グランパスエイト	2015	豊田市	相互支援協定	スポーツ振興，教育
	2017	みよし市	相互支援協定	スポーツ振興，教育
ツェーゲン金沢	2017	石川県	観光誘客に関する協定	観光
	2018	石川県	包括協定	スポーツ振興，観光
京都サンガ F.C.	2012	向日市	スポーツを通じたまちづくりに関するフレンドシップ協定	スポーツ振興，健康
	2018	京都市右京区	パートナーシップ協定	スポーツ振興，健康
ガンバ大阪	2017	吹田市	パートナーシップ協定	スポーツ振興
セレッソ大阪	2016	大阪市	連携協力に関する包括協定	スポーツ振興
ガイナーレ鳥取	2011	鳥取県	包括連携協定	スポーツ振興 健康
レノファ山口	2017	山口県内 19 市町	オール山口 J リーグで地方創生、まちづくりパートナーシップ包括連携	スポーツ振興 観光 商業振興
ギラヴァンツ北九州	2017	福岡県内 17 市町	2016.05.25 ブログフレンドリータウン協定	スポーツ振興
アビスパ福岡	2017	宇美町・志免町	フレンドリータウンに関する協定	スポーツ振興
サガン鳥栖	2011	佐賀県内 6 市町	連携協定	スポーツ振興，教育
ロアッソ熊本	2018	高森町	連携事業実施協定	指導育成

気体操」（レノファ山口）や「健幸プログラム」（ブラウブリッツ秋田）、「健康増進のためのプログラム事業」（ヴォルティス徳島）など、健康と QOL を高めるプログラムは多くみられる。健康や QOL の向上は SWS と正の因果関係が示唆されるところである。そこで次節にて、筆者も関与している「いきいきわくわく！ウォーキングフットボールで健康増進プロジェクト」（セレッソ大阪）の事例から、するスポーツと SWS の関係を概観したい。

2.2　ウォーキングフットボール

　ウォーキングフットボールとは歩いて行うサッカーのことであり、英国で発祥して世界各地に広がっている。日本サッカー協会の推奨ルールでは、1 チーム 6 人制、前後半 10 分と定められ、20 × 30m と小さなスペースで可能である。プレイ中の身体接触は禁止で途中交代が自由であり、サッカー経験や年齢・性別、障がいの有無などに関係なく、誰もが一緒にプレイできることが特徴である。日本でも各地で体験イベントや大会が繰り広げられ、参加人数や会場に応じて必ずしも推奨ルールを厳格適用せず柔軟に実施するケースもある。

　セレッソ大阪は、大阪府、大阪市、大阪成蹊大学と連携して 2022 年より「いきいきわくわく！　ウォーキングフットボールで健康増進プロジェクト」を進めている。大阪府・大阪市も高齢者を含む住民の健康増進や運動習慣の定着は重要な政策課題であり、各種スポーツイベントを開催するなど運動・スポーツに触れる機会を増やすことに躍起になっている。大阪府が推奨するスマートフォンアプリ「アスマイル」（運動に応じてポイントが貯まる仕組み）の利用者は約 30 万人にのぼる（2022 年時点）。そうした中、セレッソ大阪は自らの強みである「フットボール」を活かした新たな取り組みとして「ウォーキングフットボール」に着目し、セレッソ大阪のオフィシャルパートナーである大阪成蹊大学も参画した。

　2022 年の開始当初の取り組みとして、4 月から 12 月にかけて大阪府内の商業施設やイベント会場、ヨドコウ桜スタジアムでの体験会、セレッソフットサルパークでの講習体験・ミニ大会を実施し、のべ約 800 名の参加者を得ている。イベント・大会運営には大阪成蹊大学やびわこ成蹊スポーツ大学の学生も参加した。体験イベントでは参加者 4 〜 5 名で 1 チームを作り、セレッソ大阪のアンバサダーやスクールコーチ、学生からなるチームとミニゲームを楽しむ形式をとった。1 回あたりのプレイ時間は 4 分程度であるが、筆者も体験したところ、ボールを追いながらスピードの緩急をつけて歩き回るため、夏場には上着に汗が染みるく

らいの運動になる。身体接触はなく自分のペースで動けるため、怪我の心配なく老若男女、障がいの有無に関わらず楽しめる。実際、サッカー未経験の方がゴールを決めるシーンを幾度も目にした。

　参加者への簡易アンケートの結果、年代別では50代が26.6%で最も多く、30代（18.8%）・40代（17.9%）・60代（10.9%）・70代（9.6%）と続いた（N=229）。

　参加募集告知は主として、①セレッソ大阪の公式サイトやSNS、②「アスマイル」、③会場近辺での掲示ポスターや案内等であった。セレッソ大阪と何らか関わりがある参加者（ファンクラブ会員、試合観戦経験、グッズ保有など）が約7割を占めた一方、「アスマイル」の告知を見て訪れた参加者も一定程度みられた。

　ウォーキングフットボールへの参加形態では、1人で参加するケースと家族・友人など同伴者と参加するケースがみられた。「1人で参加」は33.5%、「家族同伴」が53.0%、「友人・知人同伴」が10.4%であった（N=230）。参加動機の設問では、同伴者がいる参加者において「他の参加者と交流したかったから」「家族一緒にスポーツを楽しみたかったから」が有意に高く（表2）、参加満足度は「2人以上参加」が「1人参加」よりも高い傾向にあった（表3）。回答サンプル数に限りは

表2　参加動機の比較

	1人参加 （N=14）		2人以上参加 （N=23）		P
	M	SD	M	SD	
ウォーキングフットボールに興味があったから	4.00	1.00	4.04	0.75	n.s.
体に負担なくサッカーをやりたかったから	3.93	0.70	3.74	0.94	n.s.
健康にいいと思ったから	3.86	0.74	3.83	0.92	n.s.
セレッソ大阪のアンバサダーに会えるから	3.71	0.80	3.83	0.87	n.s.
他の参加者の方と交流したかったから	3.14	0.64	3.74	0.74	**
家族一緒にスポーツを楽しみたかったから	2.43	1.05	3.95	1.13	***

（とてもあてはまる～全くあてはまらないの5件法）

表3　参加満足度の比較

	1人参加 （N=84）		2人以上参加 （N=119）		
	M	SD	M	SD	P
参加満足度	4.54	0.61	4.80	0.44	**

（とても満足～とても不満足の5件法）

あるものの、ウォーキングフットボールに「一人で参加」と「知り合いと一緒に参加」するプロセスでは、参加者が得る心情や満足度に質的な違いがあることは興味深い。

2.3 「ウェルネスの質」の差異と SWS

ウォーキングフットボールの事例をもとに、一種の仮説モデル形成を試みた（図1）。「するスポーツ経験」と SWS の間には、SWS を規定する因子のいくつかが介在して、正の因果関係があるとする。スポーツをすることで生起するポジティブな感情（爽快感、達成感など）から「日々の感情」因子に影響を与え、そのスポーツ実施が自身のライフスタイルに組み込まれて生き甲斐の域に達すれば「人生の意義」因子にも影響を及ぼすであろう。

「対人関係・ソーシャルサポート」と「関与・エンゲージメント」は、家族や友人、職域・サークル仲間など誰かと一緒にスポーツを実施する場合（同伴交流）において、影響を及ぼすものと考えた。これはウォーキングフットボールの参加動機や満足度における「1人」と「同伴あり」の比較から示唆を得たものであり、スポーツを一緒に楽しむことが、対人関係を良好化させ、職場など自らが所属する組織への愛着や帰属意識を高める（その組織メンバーとスポーツを実施した場合）可能性が考えられる。

こうした「するスポーツ経験」→「SWS 規定因子」の一連の動きは、SWS に向

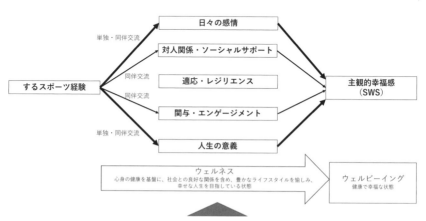

スポーツ単独実施・同伴交流実施により獲得する「ウェルネスの質」に差異

図1

かうプロセス、すなわち「ウェルネス」のさなかにあるといえる。そして、スポーツの単独実施、同伴交流実施に応じて獲得する「ウェルネスの質」には差異があるのではないか、その視点がこの仮説モデルが本質的に描くところである。

　人はなにも「幸せになりたい」と日々願いながらスポーツをしているわけではなかろうが、少なくとも自治体あるいはＪリーグなどが「健康」や「幸福」を指標化したプログラムを進めるに際しては、単独・同伴交流実施による「ウェルネスの質」に着目し、「同伴交流型」のスポーツ実施を意識的に促進することは検討に値するのではないかと思われる。一方で、この粗雑な仮説モデルをより精緻化して実証データをもとに検証する必要があることは言うまでもなく、筆者自身のタスクとしたい。

3.　見るスポーツとウェルビーイング

3.1 Ｊリーグ観戦の価値

　前節ではＪリーグの「社会連携活動」に注目した。ただし、Ｊリーグのコア事業は「興行」であることも忘れてはならず、試合を観戦するサポーターの存在があってこそリーグが存続・発展することは自明である。ここで問うべきは、「スポーツを見る行為（＝スポーツ観戦）とSWSの因果関係は実証できるのか」であろう。

　Ｊリーグの事業は「興行」と「社会活動」の２本柱から成立するとの見方に立

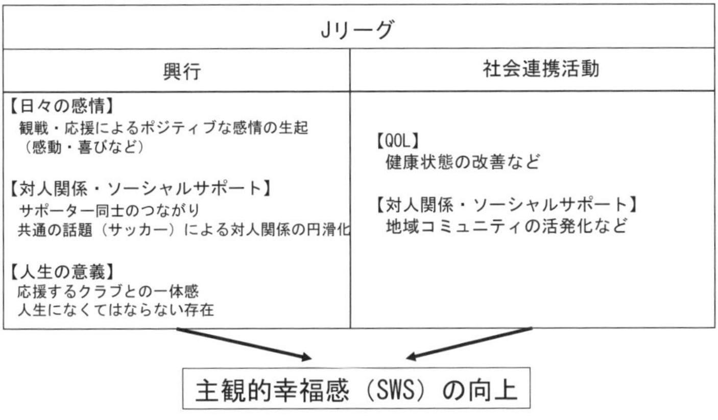

図2　Ｊリーグの取り組みとSWSの関係概念

てば、両者は各々、SWS の規定要因に影響を与え、最終的に SWS の向上に寄与することが考えられる（図2）。先述の熊本県、新潟市をはじめ「幸福度」を指標化している自治体のなかで、J クラブが本拠地とする事例は少なくない。自治体からすると、地元の J クラブと社会活動を連携して進めることに加えて、「興行」も SWS 向上の効果が期待できるとすれば、クラブの PR や集客増を行政支援する政策的根拠が見出されるであろう。

スポーツ観戦も SWS 向上に寄与するとの学術的根拠が得られれば、それは各地で進められている「J リーグを活用した地域活性化」の質的充実を促す契機ともなりえる。

3.2 仮説と方法

前節をふまえ、設定した仮説は以下のとおりである。

仮説①：J リーグの観戦経験年数の長さは SWS に正の影響を与える。

仮説②：J リーグの観戦回数の多さは SWS に正の影響を与える。

仮説③：J リーグの観戦勧誘行動（周囲の人を観戦に誘う行動）の経験年数の長さは SWS に正の影響を与える。

仮説④：話題共有行動（サッカーや J リーグのことを周囲の人との間で話題にする）の経験年数の長さは SWS に正の影響を与える。

仮説①に関して、観戦経験年数が長いサポーターは、応援対象のクラブの戦績や趨勢を自身の人生に重ね合わせる傾向があり、クラブの存在が「人生の意義」と化していると解釈できる。観戦経験年数の長さは SWS の規定要因のひとつである「人生の意義」を形成し、観戦経験年数は SWS に正の影響を与えると考えられる。

仮説②に関して、観戦から得られる価値の代表的なものに感動や喜びなどポジティブな感情体験がある。「日々の感情」は SWS を規定する要因のひとつであるが、その性質がポジティブなものであるほど SWS に正の影響を与えるとされる。ポジティブな感情体験を多く得るほど、つまり観戦回数が多いほど SWS に正の影響を与えると考えられる。

仮説③に関して、J リーグをひとりで観戦する割合は 19.7％であり、友人や家族など同伴者と一緒に観戦するケースがそれを上回る。誰かと一緒に観戦して感情を共有することは、上述の感情体験をより増加させると推察され、観戦勧誘行動の経験年数は SWS に正の影響を与えると考えられる。

　仮説④に関して、サッカーやJリーグやの話題を共有する相手がいるということは、「対人関係・ソーシャルサポート」の形成程度が高いと推察される。従って、話題共有行動の経験年数はSWSに正の影響を与えると考えられる。

　これらの仮説を検証するため、社会調査モニターを対象とするインターネット調査を実施した。回答対象は、いずれかのJクラブのシーズンチケットを保有する、日本国内在住の20歳以上の男女とした。調査は2020年11月に実施して130件の有効回答を得た。

　設問項目は性別、年齢、職業など基本属性、観戦経験年数（初めて観戦した年から2020年までの年数）、観戦回数（2019・2020年シーズンの合計観戦回数）、観戦勧誘行動の経験年数（初めて勧誘してから2020年までの年数）、話題共有行動の経験年数（話題にし始めてから2020年までの年数）、及びSWS測定尺度とした。

　SWSの測定尺度はOECDにより開発されたものをはじめいくつかあるが、インターネット調査である点を考慮し、回答者が設問の日本語表現がストレスなく理解できる点を重視し、「日本版主観的幸福感尺度（以下SHS）」（鳥井ほか, 2004）を採用した。

　同尺度は1因子5項目から構成され、「精神的に豊かでゆとりある生活をしている」「これまでの生き方は納得できる」「他人に対して誇りをもっている」「今、幸福であると思う」「社会の役に立っていると思う」の各項目を、「とても当てはまる」から「まったく当てはまらない」の5件法で回答を得た。分析方法は、SWSを従属変数、観戦経験年数、観戦回数、観戦勧誘行動の経験年数、話題共有行動の経験年数を独立変数とする重回帰分析を用いた。

3.3　結果

　分析対象サンプル（N=130）の概要は、男性が77.7%と多く、平均年齢は39.1歳となった（表4）。Jリーグ観戦調査（2019）では男性の割合は62.6%とあるが、本研究はシーズンチケット保有者を対象としたことが男性の割合を高めた要因と考えられる。

　観戦行動に関する項目を見ると、平均して10年前後の観戦経験があり、年間5-6回の観戦（本拠地で開催される試合は年間20試合前後）、話題共有行動は観戦開始の翌年前後から、勧誘行動は観戦開始の3年後から、という平均像が見出せた（表5）。男女比では、男性がすべての項目で高い数値となった。

表4　回答者の概要

		N	%
性別	男性	101	77.7%
	女性	29	22.3%
年代	20 代	36	27.7%
	30 代	35	26.9%
	40 代	32	24.6%
	50 代	12	9.2%
	60 代	13	10.0%
	70 代	2	1.5%
	平均年齢	39.1 歳	
職業	フルタイム	102	78.5%
	パートタイム・アルバイト	8	6.2%
	専業主婦・主夫	3	2.3%
	学生	5	3.8%
	無職	4	3.1%
	定年退職者	4	3.1%
	その他	4	3.1%

表5　観戦行動の平均・標準偏差

		観戦経験年数	観戦回数（19 年・20 年シーズン合計）	観戦勧誘行動経験年数	話題共有行動経験年数
全体 (N=130)	M	10.95	11.72	7.84	9.21
	SD	8.64	11.00	7.86	8.10
男性 (N=101)	M	11.67	12.34	8.37	9.46
	SD	9.07	11.48	8.24	8.49
女性 (N=29)	M	8.45	9.59	6.00	8.34
	SD	6.33	8.81	5.98	6.50

　SWS 尺度の各項目の平均値は項目間で大きな差異はなく 2.35 ～ 2.57 の範囲内、標準偏差は 1.30 ～ 1.53 の範囲内となった。本研究のデータをもとに同尺度の信頼性および妥当性を検証した結果、α 係数、AVE（平均分散抽出）CR（構成概念信頼性）ともに基準値（α >.70 AVE >.50 CR >.60）に適合する結果を得た（表 6）。
　性・年代別に SWS 尺度の数値をみると、全項目において女性が男性よりも数

値が高い結果となった。年代別では、60代、次いで50代が高く、10代がもっとも低い結果となった（表7）。

　重回帰分析の結果、観戦経験年数、観戦回数、勧誘行動の経験年数において有

表6　主観的幸福感の平均値・標準偏差ほか

	M	SD	α	AVE	CR
精神的に豊かでゆとりある生活をしている	2.36	1.39			
これまでの生き方は納得できる	2.40	1.30			
他人に対して誇りをもっている	2.46	1.31	.96	.75	.94
今、幸福であると思う	2.35	1.34			
社会の役に立っていると思う	2.57	1.53			

表7　性・年代別の主観的幸福感

	精神的に豊かでゆとりある生活をしている	これまでの生き方は納得できる	他人に対して誇りをもっている	今、幸福であると思う	社会の役に立っていると思う	5項目総和
男性	2.21	2.31	2.39	2.24	2.38	11.51
女性	2.90	2.72	2.72	2.76	3.24	14.34
20代	2.10	2.10	2.10	2.20	2.10	10.56
30代	2.60	2.60	2.70	2.70	2.90	13.40
40代	2.10	2.30	2.50	1.90	2.30	11.03
50代	2.80	2.80	2.70	2.80	2.80	13.75
60代	2.80	2.80	2.80	2.60	3.50	14.54
70代	2.50	2.00	2.00	2.00	3.00	11.50

表8　重回帰分析の結果

		従属変数
		主観的幸福感
独立変数	観戦経験年数	- .01　n.s.
	観戦回数（19-20年シーズン合計）	- .17　n.s.
	観戦勧誘行動 経験年数	- .19　n.s.
	話題共有行動 経験年数	.37　　*

数値は標準化係数 β　　 * $p < .05$

意な関係性は認められず、話題共有行動の経験年数では正の有意な関係性が認められた（表8）。なお、VIF は最大でも 3.14（観戦勧誘行動の経験年数）であり多重共線性による変数の調整は行わなかった。

3.4 仮説検証

本研究で設定した4つのうち、仮説④のみが支持される結果を得た。

仮説①は、観戦経験年数が長いサポーターは、応援するクラブの観戦が生きがいとなり、「人生の意義」と化していることを根拠としていた。スポーツ消費者行動研究の領域ではチーム・アイデンティフィケーションという概念が用いられ、サポーターとクラブのアイデンティティの一致している程度をもとに、観戦行動やクラブ支援行動が説明されている（出口ほか，2018）。本研究では、「シーズンパスを保有しており観戦経験年数が長い」状況とは、チーム・アイデンティフィケーションが高くて観戦や応援を「人生の意義」とするサポーター像をもとに仮説①を設定した。今後の課題として、設問項目にチーム・アイデンティフィケーションを測る尺度も含めることで、SWS の関係をより明確に検証することが求められる。

仮説②③が支持されなかった要因には、「幸福感の一時性」が関係していることが考えられる。これは「快楽のトレッドミル」（Diener et al., 2006）ともいわれ、一時的な幸福感は時間とともに元に戻る傾向を指摘するものである。仮説②③は「ポジティブな感情」が SWS の規定要因のひとつとされることを根拠としたが、そうした感情自体も一時性を有することは経験的に知り得るところであり、感情から発せられる SWS の知覚は他の規定要因よりも一時性が高いことは可能性として考えられる。

また、Jリーグの1クラブあたり年間試数は 40 試合前後であり、本拠地で観戦できる機会はその半数と限定的である（ホームアンドアウェー方式）。こうした頻度の低さも仮説②③が支持されなかった要因と推察される。「ポジティブな感情」は、その感情の振幅（大きな感動や喜びなど）のみならず、一時性という性質を考慮しながら「感情経験の頻度」にも着目する必要性が示された。

仮説④に関して、Jリーグに関する話題共有行動の経験年数の長さが SWS に正の影響を及ぼしていると示唆された。同行動が可能で、かつ長い年数を経ている個人というのは、良好な対人関係を有し、周囲の人への相談や相手から手助けを受けられる（ソーシャルサポート）状況下にあると考えられる。そうした対人

関係がJリーグ観戦を介在して成立したものか、所与のものかを精緻に検討する必要はあるが、Jリーグという共通の話題が良好な対人関係の維持に一定の役割を果たし、SWSに正の影響を及ぼした可能性はあろう。

　仮説④の結果は、「対人関係・ソーシャルサポート」はSWSを規定するという先行研究を支持するものであるとともに、その因果関係にスポーツ観戦という行為も関与しうることが示された。

　スポーツ観戦行動はいわゆるソーシャル・キャピタル涵養の一助となっている点は、地域活性化の文脈においてスポーツが果たしうる役割と意義といえるであろう。ただし、今回の当調査は、あくまで量的な分析結果にすぎず、「どのように対人関係形成に関与しているのか」は分かりえない。今後はサポーターへの定性調査をもとにネットワーク分析の手法なども用いながら、具体的な実態解明に進むべきであろう。なお、SWSを規定する要因には年齢や家族構成など個人の基本属性も影響を与えるとされ、実際に調査結果では男性よりも女性のSWSは高く、年代でも差異がみられた。ただしサンプル数の制約により基本属性による統制は実施しておらず、SWSと観戦行動の因果関係について、今回の結果には多くの課題と限界がある。

　観戦型スポーツはNPB（プロ野球）、Bリーグ、Vリーグ、リーグONE（ラグビー）はじめ多数ある。今後は多様なスポーツの観戦行動とSWSの関係性も視野に入れた研究が求められるであろう。

4.　むすびにかえて

　本章ではスポーツ経験とウェルネス・ウェルビーイングの関係について、Jリーグの事例を紐解きながら、その考察を試みた。Jリーグはすでに「社会連携活動」の成果を生み出しつつあり、その取り組みがSWS向上を導くことが期待される。ただし、Jリーグのメイン事業は「興行」である。Jリーグを観戦することもSWS向上に寄与することが明らかになれば、Jリーグの存在意義がさらに明瞭となり、「スポーツで、もっと、幸せな国へ」の標語がより現実味を帯びる。

　観戦→SWSの関係において、この章末で触れたいのは「生体データ取得による観戦者の感情の可視化」の可能性である。従来、観戦者の心理状態は質問紙調査に拠ることが大半であったが、近年では脳波計や腕時計型デバイスから取得する生体データから、被験者の感情状態を《快―不快》《覚醒―沈静》などのモデ

ル化する試みが進んでいる（次章参照）。

　スポーツ経験とウェルネス・ウェルビーイングの関係の考察は、そうした最新のテクノロジーにも支えられながら進展し、スポーツの価値の新たな側面が見出されていくであろう。

引用・参考文献

出口順子，辻洋右，吉田政幸（2018）「チーム・アイデンティフィケーション：理論的再検証」『スポーツマネジメント研究』Vol.10，No.1，pp.19-40.

Diener, E., Suh, E. M., Lucas, R. E., & Smith, H. L. (1999) Subjective Well-being: Three decades of progress, Psychological Bulletin, 125, pp.276-302.

Diener, E. et al., (2006) Beyond the hedonic treadmill: Revising the adaptation theory of well being, American Psychologist, 61, pp.305-314.

Gill, D. L. et al. (2011) Quality of life assessment for physical activity and health promotion, Applied Research in Quality of Life, 6(2), pp.181-200.

Ｊリーグ公式サイト「シャレン！Ｊリーグ社会連携」https://www.jleague.jp/sharen/

Ｊリーグ公式サイト「観戦者調査サマリーレポート」https://www.jleague.jp/aboutj/spectator-survey/

経済協力開発機構（OECD）（2015）『主観的幸福を測る　OECD ガイドライン』明石書店.

児嶋恵伍，伊藤央二（2019）「レジャー参加パターン間におけるマスターズ大会参加者の大会参加へののめり込み度と相互協調的幸福感の関連性について：オンライン調査を用いた事例研究」『生涯スポーツ学研究』Vol.16，No.1，pp.11-20.

Mannell, R. C. (2007) Leisure, Health and Well-Being, World Leisure Journal, 49, pp.114-128.

佐藤徳，安田朝子（2001）「日本語版 PANAS の作成」『性格心理学研究』Vol.9，No.2，pp.138-139.

島嶋哲志，大竹恵子，宇津木成介，池見陽，Sonja Lyubomirsky（2004）「日本版主観的幸福感尺度（Subjective Happiness Scale: SHS）の信頼性と妥当性の検討」『日本公衆衛生誌』Vol.51，No.10，pp.845-853.

Shimazu, A., Schaufeli, W. B., Kosugi, S. et al. (2008) Work engagement in Japan: Validation of the Japanese version of Utrecht Work Engagement Scale, Applied Psychology: An International Review, 57, pp.510-523.

Sinclair, V. G. & Wallston, K. A. (2004) The development and psychometric evaluation of yhe Brief Resilient Coping Scale, Assessment, 11(1), pp.94-101.

Thompson et al. (2005) Dispositional forgiveness of self, others, and situations, Journal of personality, 73(2), pp.313-360.

Warr, P.B., Barter, J., & Brownbridge, G. (1983) On the independence of positive and negative affect, Journal of Personality and Social Psychology, 5(2), pp.644-651.

第5章

スポーツがメンタルに及ぼす効果

―アシックス社「Uplifting Minds Project」に
　よる検証―

《研究発表録》（発表日：2022年7月28日）

近藤孝明・阿部　悟

1. 運動によるメンタルのアップリフト（高揚）効果

【近藤】

　アシックスの近藤です。私からは「Uplifting Minds Project」の取り組みを紹介します。このプロジェクトは 2020 年から準備を始めて 3 年目に入ります。体を動かすことが精神状態に与える効果を継続的に検証する研究で、世界中で展開しています（図 1）。

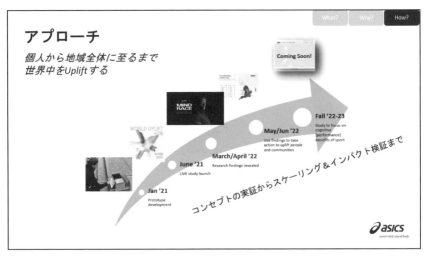

図 1

　アシックスがなぜこのようなことをやるのかと思われるかもしれません。当社はビジョンとして「スポーツで培った知的技術により、質の高いライフスタイルを創造する」を掲げています。最近は、アメリカをはじめ海外でマインドフルネスなどが注目されていますが、当社は創業哲学「健全な身体に健全な精神があれかし」を表すブランド・スローガンとして、「Sound Mind, Sound Body（サウンドマインド サウンドボディ）」を展開しており、より多くの人が体を動かすことで心身ともに健康になることが、当社のコミットメントになります。「Uplifting Minds Project」は、当社の科学的な知見も踏まえて、それを形にすることを目的としています。

　体を動かすことが精神的なメリットになることを科学的に証明することは簡単ではなく、日々研究されているところですが、私たちもまだまだ勉強してるところです。私はマーケティングが専門ですが、表面的なプロモーションに終始するのではなく、年々レベルアップさせながら最終的には「Sound Mind, Sound Body」＝アシックスというイメージを醸成することを目指して取り組んでいます。

　「Uplifting Minds Project」は、まずはじめに 2021 年 1 月に簡単なプロトタイプを作り、6 月に一般公開をしました。私たちはこれを「Uplifting Minds 調査」と呼んでおり、運動がマインドに与える変化を 10 種類の認知・感情的指標にモデリングをすることから始めました（図 2）。少人数での検証から始め、世界中の誰でもアクセスができる「Mind Uplifter™」という Web アプリを使って同じモデルで検証できるような展開をしています。

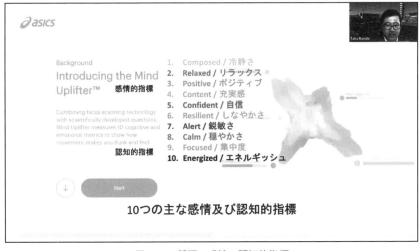

図 2　10 種類の感情・認知的指標

　この調査で得た知見をベースにして、「State of Mind Index」というものを用いて、女性や若者などターゲットを絞ったり、スコアが低い街と連携した取り組みなども行ったりしています（詳細後述）。

　この調査は当社だけでなく世界クラスの知識とノウハウを集結して行っています。理論的な基礎の構築部分では King's Collage of London の Brendon Stubbs 先生と一緒に展開したことに加えて、ツール制作はデジタルソリューションの専門家

集団である Solarflare 社、初期段階ではモデルの検証において EMOTIV 社の専門家の知識を得るなど、第三者機関と連携しています。

　スライドに表示されているのが 10 種類の感情的・認知的指標です（図2）。調査の初期段階では、運動する前と後でこの指標を計測したところ、EEG（脳波計）と自己申告で約 90 パーセント以上の一致が見られました。すべての調査はこの 10 種類の指標に基づいて行っています。

　これらの指標を用いてコンシューマー向けに行った取り組みの第一弾が「Mind Uplifter」アプリです。誰でもアクセスできて簡単に使えるウェブツールで、運動直前と直後にスマートフォンで顔の表情をスキャンした後に、簡単なアンケートに回答してもらいます。運動がマインドにどのように作用するかを可視化し、その効果を実感してもらうツールです。

　運動がマインドに与える効果のデータを蓄積して、より精度を高めて分析を高度化させています。実際にユーザーが参加している状況は、地図上でリアルタイムで見ることができます。運動の前後でマインドがどう変化したかが可視化され、最終的には世界各地での効果が目に見えるようになることを目指しています。

　より詳しいことについて、当社の阿部から説明します。

【阿部】

　アシックススポーツ工学研究所の阿部です。私の研究バックグラウンドは実験心理学で、その観点からプロダクトやサービスにどのように貢献できるかについて日々研究しています。

　「Mind Uplifter」の概要と仕組みですが、具体的にはフェイススキャンと主観評価の測定を行っています（図3）。フェイススキャンに関しては、グローバルな調査を行う上で、例えば脳波計のようにヘッドギアが必要となる調査では制約が多くなってしまいます。そこで考えたのが、スマートフォンのカメラひとつで顔の表情を撮る仕組みです。撮られた画面の写真自体はすぐに消去されて顔の特徴点だけが抽出されるため、個人情報が守られます。主観評価アンケートも同時に取れる仕組みになっています。

　計測方法は、運動の前後でフェイススキャンと主観評価を行います（図4）。この測定により、運動の前後でトータルのスコアに加え 10 個の指標にそれぞれどのような変化があったのかが表示されます。スマートフォンの GPS 機能と連動しており、世界各地の人々の状況も分かります。

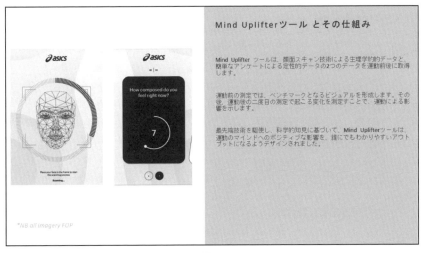

図3

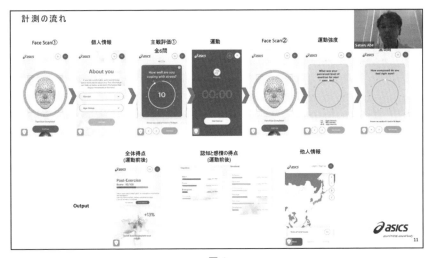

図4

　フェイススキャンからマインドを推定する際にベースとなる理論は、大きく2つあります（図5）。1つ目がEkmanらが提唱した「基本6感情」です。これは、基本となる感情を6つに分類したものであり、具体的にはスライド左上から、怒り、嫌悪、恐怖、左下から喜び、悲しみ、驚きを指します。これらの写真を見る

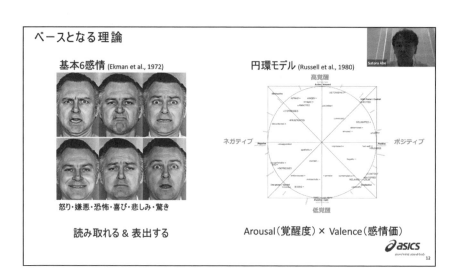

図5

と、この人がどのような感情を持っているかが一目でお判りいただけるかと思います。

こうした傾向は、人種や年代、性別などにとらわれない共通の特徴であることが分かっています。加えて、「その感情を表してください」と伝えると、皆さん同じような表情の特徴が表出されることも分かっています。例えば、「喜びを表現してください」と伝えると、どこの国でも、どの年代の方でも口角が上がり、悲しみの表現では口角が下がるなど、特徴の変化が同じであることが「基本6感情」の考え方です。顔の表情をスキャンすることでその人の感情を推測できるという提案は、この理論がベースとなっています。

この6感情を用いて10の指標項目を推測する際に関わるのが、Russellの「円環モデル」です。これは、各感情は完全に独立したものではなく、覚醒度と感情価という2軸の定量的な値で表現できるというものです。フェイススキャンで感情とその強さを推測し、他の感情がどのぐらい生起しているのかを推測できることを利用し、その人のマインドがより細かく分かる仕組みになっています。

以上の理論に基づいて、フェイススキャンからは主に4つの指標を算出し、加えて、主観評価から、6つの指標を算出します（図6）。これらの結果にある一定の重みづけを加えて、最終的に10種類の感情指標の割合を計算する仕組みです。トータル得点は、各指標の得点の平均値により算出しています。

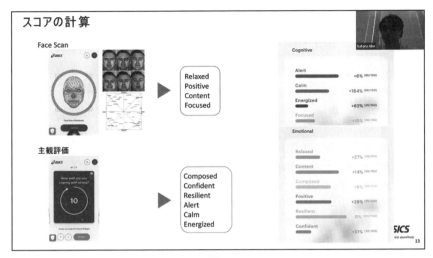

図6

概要と仕組みの説明は以上です。ここからは近藤に戻します。

【近藤】

　スライドに記載されているのはスコア評価です（図7）。数万人の参加者たちが運動した後に、認知と感情の両方の領域でスコアが上がったことが分かりました。認知指標の平均でプラス16％、感情指標の平均でプラス14％です。このプロジェクトから他にも様々なことが分かり、国ごとのアクティビティの仕方や特定の年代に向けた訴求方法など、今後さらにデータの蓄積とともに指標も加えつつ改良していくことを考えています。

　次に、イギリスのレットフォードという街の活動を動画で紹介します（図8：二次元コード読取）。動画でご覧頂いたとおり、街の至るところに気軽に体を動かせる仕掛けが導入され、人々がベンチでベンチプレスをしたり、バスストップをバスステップにして、ステップ運動したりする様子などが見て取れます。新型コロナの影響でこの街の雰囲気が沈んでいたところ、市長にこのような活動をしたいと伝えたところ、ぜひ街全体でやりましょうとなり、街の様々な場所に仕掛けを入れました。実際に、「Mind Uplifter」アプリで運動前後の測定評価したところ、マインドのポジティブ度が27％アップという効果が出ました。

　イギリスで始めたこの活動は、世界各地に広がっています。街全体をアップリ

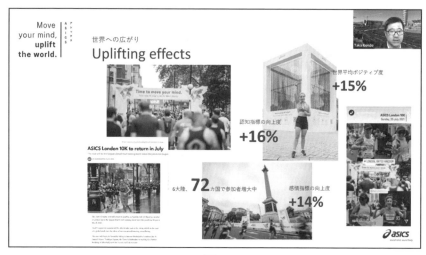

図 7

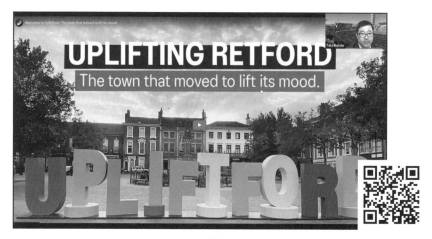

図 8

フトして、市民のマインドのポジティブ度を上げるという、いわば市民が運動す
るきっかけを提供する街づくりといえます。このように、今後も市町村を絡めた
展開につなげていきたいと思います。

2.　15分9秒が最適運動時間

　ここまでは「Uplifting Minds Project」でしたが、そこから発展させた他の活動を紹介します。そのひとつが「MIND RACE」です。これは、日常的に運動をしてる人が、意図的に運動を中断するとマインドにどのような影響があるのかという逆説的な調査です。調査期間は3週間で、最初の1週間は通常どおり運動を行い、次の1週間は全く運動を行わず、最後の1週間に運動を再開するというプログラムです。ダイジェスト動画をご覧ください（図9：二次元コード読取）。

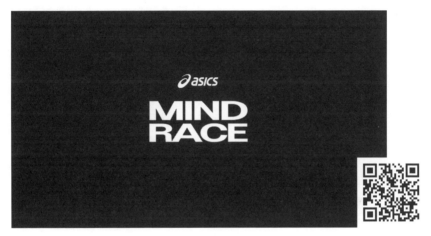

図9

　この調査には、ブラジル、中国、インド、日本、韓国、ヨーロッパなど21カ国の人々が参加をしました。結果は、運動を中断すると不安症状が23％増加するなどマインドへの悪影響がかなり見られました。先ほど紹介した「State of mind Index」のスコアも18％下がり、認知的指標は19％の減少、感情的指標も18％減少など全ての指標で10％以上の減少が見られました。この検証結果を示したことで運動とマインドの関係について広く興味関心を持って頂くようになり、当社の取り組みのPRにもつながっています。今後は調査規模を拡大するほか、各国の大学や研究機関と連携しながら様々な軸で調査を進めるべく検討しています。

この「MIND RACE」で、想定していなかった効果として見えてきたものが、「どれだけの運動をすれば、マインドがアップリフトするのか」ということです。それについては15分9秒の運動で十分ということが分かりました（図10）。「1日1万歩歩きましょう」「3キロぐらいランニングしましょう」など耳にしますが、それを日々続けるのは難しい面もあります。しかし、15分で十分ということを科学的な知見で説明することで、もうすこし気軽に、ちょっと歩いてみよう、体を動かしてみようというきっかけになればと思います。

図10

　2022年6月に、全世界で「15：09　Uplift Challenge」というキャンペーンを当社の「ASICS Runkeeper ™」アプリと連動して訴求したところ、100万人ぐらいの方の参加がありました。自分ひとりではなかなかアクションを取りにくいところのハードルを下げるという意味で、かなり効果があったのではと思います。「Mind Uplifter ™」アプリを使うことで、幅広い方々の運動強度を踏まえた様々なデータも見えてきています。今後は、実際の運動の強度に合わせた指標も組みながら、より深い研究調査ができると思います。

3.　無視できない地域／年齢／男女差

　次に紹介するのが、2021年から継続的に展開している「State of Mind Index」です。略してソーミーと呼んでいますが、これはアンケート方式による定量調査です。世界17の対象地域で、各国の人口の重みづけによる約4万人の一般サンプルと都市在住者のサンプルを得ています。この調査には先の10種類の認知的・感情的指標を使っています。回答者は各指標項目を1点から10点で評価をしてもらい、10倍した100点満点でスコア化します。回答者の日頃の身体活動レベルを算出するとともに、その指標を用いることで運動とマインドの関係を把握しています。

　この調査は毎年定期的に行いながら、たとえば当社の本社がある神戸でいえば、ご年配の方より若い人が運動していないことが分かったとすると、そこからどういうアクションを取れば良いのかという根拠データにもなります。自治体の方と話をする際にも、数値の根拠があることで説得力が増すと思います。

　世界平均は100点満点で64点というスコアが出ました。それを基準に、地域差や年齢差、性別差などの分析ができます。スライドの世界地図でわかるように、地域間でかなり差があります（図11）。日本は51点で平均をかなり下回る水準

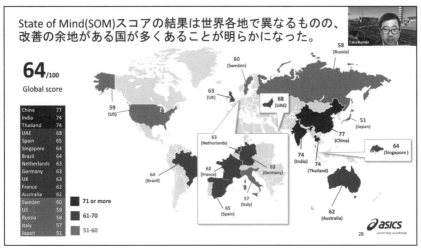

図11

です。他にイタリア、ロシア、アメリカも平均よりも低く、中国やインドのスコアが高いことが分かります。これは国や街単位での様々な取り組みが関係しているようです。これらの結果は、他のデータとのクロス分析でも高い相関が出ています。

　当社は日本のブランドとして、今後、日本でどういうアクションが取っていけるのか、またそれを定点観測することで変化を見ていきたいと思います。

　「State of Mind Index」で興味深いのは、年齢差が大きいことです。国にもよりますが、基本的には年齢が高くなるほどスコアが高く、若い世代は低い傾向がみられました（図12）。この点は、可処分時間やゲームなど運動以外に費やす時間との相関があるようです。若い世代にいかにアクティブに体を動かしてもらうのか。例えば、アニメキャラクターを用いた位置情報ゲームアプリは若い世代が外に出歩く効果がありますが、当社としてもその世代がモチベーションを高く維持して、外に出かけて体を動かしてもらえるようなアクションを取っていきたい考えています。

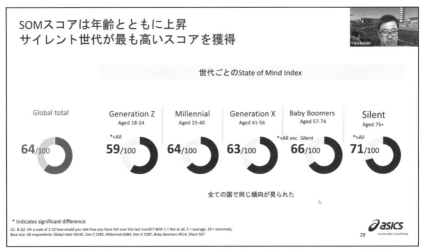

図12

　男女差の傾向をみると、中国、アラブ首長国連邦、インド以外の国では、女性のスコアが男性より低い結果が出ています（図13）。この点は分析を進めていますが、先ほどのとおり15分間の運動でも効果が見込めるいうことで、女性の方

に向けて何ができるのか、当社の各国の販売会社がそのデータを活用しながらアクションを取るためのベースの調査となっています。男女差に年齢差を加味すると、若い女性のスコアが低いとの結果が出ました。中国やインドでは 40 代以上の女性のスコアが男性を上回っているなど様々なことがみえてきます。日本では、男性が 40 代を過ぎるとスコアが下がっており、どのような課題があるのか分析を進めています。

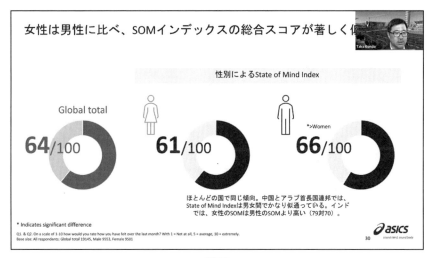

図 13

　次は地域差です。都市部に住んでいる人は、地方に比べて総合的にスコアが高いです（図 14）。この傾向をどう捉えるべきか、自家用車の利用の有無や運動に対する意識が関係しているのではと思います。地域単位で、今後どのような活動ができるかも検討しています。所得差でみると、所得の高い人は総合的にスコアが高いといえます（図 15）。マラソンをする人の可処分所得は相対的に高いというデータもあるようですが、例えばインドやタイでも高所得層はジムでのランニングなど運動をかなりアクティブにしていることが顕著に出てきています。

　また、認知的指標と感情的指標の比較では、カテゴリー全体平均で認知的指標のほうが感情的評価よりスコアが高い傾向が出ました。ここに示した「State of Mind Index」の結果は、まだ最初に出てきた表面的なファインディングですが、こうして定点的に見ることで様々な活動が一つの軸でつながることは大きいと思

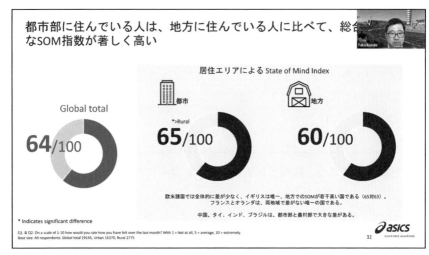

図 14

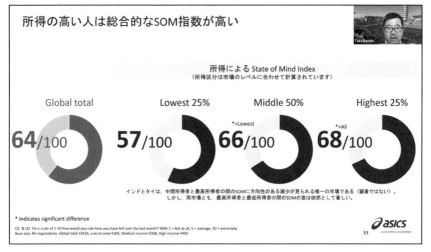

図 15

　います。数値の根拠があることで、市町村はじめ関係者も動いて頂きやすく、毎年継続することで最終的にはスコアの数字を上げていくことに意義があると思います。

　運動に関する KPI に関して、身体活動量だけでなくマインドの高揚効果も踏

まえた指標は全世界的にもなかなか存在しないため、当社の取り組みが認知されて関心を持って頂いています。始めてまだ3年目ですが、今後も忌憚のないご指摘ご意見を頂きながらアクションを取っていきたいと思います。

　発表は以上になります。どうもありがとうございました。

著者一覧 （掲載順）

菅 文彦（かん ふみひこ）　［はじめに・第 4 章］
大阪成蹊大学経営学部スポーツマネジメント学科教授／大阪成蹊大学スポーツイノベーション研究所副所長
【主な著書】
『スポーツとまちづくりのイノベーション』（共著）創文企画，2022 年.
『スマート・ベニューハンドブック―スタジアム・アリーナ構想を実現するプロセスとポイント―』（共著）ダイヤモンド社，2020 年.
『スポーツと君たち　10 代のためのスポーツ教養』（共著）大修館書店，2019 年.
『スポーツツーリズム概論』（共著）学術研究出版，2018 年.
『奇跡の 3 年　2019・2020・2021　ゴールデン・スポーツイヤーズが地方を変える』（共著）徳間書店，2015 年.

植田 真司（うえだ しんじ）　［第 1 章］
大阪成蹊大学経営学部スポーツマネジメント学科教授／同研究員
【主な著書】
『スポーツ SDGs 概論』（共著）学術研究出版，2020 年.
『スポーツマンシップ論』（共著）晃洋書房，2019 年.
『よくわかるスポーツマーケティング』（共著）ミネルヴァ書房，2017 年.
『なにわのスポーツ物語』（共著）丸善プラネット，2015 年.
『ジェロントロジースポーツ』（共著）ジェロントロジースポーツ研究所, 2007 年.

青野 桃子（あおの ももこ）　［第 2 章］
大阪成蹊大学経営学部スポーツマネジメント学科講師／同研究員
【主な著書】
『スポーツとまちづくりのイノベーション』（共著）創文企画，2022 年.
『「趣味に生きる」の文化論―シリアスレジャーから考える―』（共著）ナカニシヤ出版，2021 年.
『変容するスポーツ政策と対抗点 ― 新自由主義国家とスポーツ―』（共著）創文企画，2020 年.

『ジェンダー研究を継承する』(共著) 人文書院, 2017 年.

東出 加奈子 (ひがしで かなこ) [第 3 章]

大阪成蹊大学国際観光学部国際観光学科教授／同研究員

【主な著書】

『新しい観光学』(共著) 千倉書房, 2023 年.

「19 世紀セーヌ河の客船運航―パリ万国博覧会とバトー・ムーシュ―」寧楽史苑,
第 67 号, 2022 年.

『はじめて学ぶフランスの歴史と文化』(共著) ミネルヴァ書房, 2020 年.

『海港パリの近代史―セーヌ河水運と港―』(単著) 晃洋書房, 2018 年. (第 44
回「交通図書賞」奨励賞受賞)

『シネマ世界めぐり』(共著) ナカニシヤ出版, 2009 年.

近藤 孝明 (こんどう たかあき) [第 5 章]

株式会社アシックス執行役員 マーケティング統括部統括部長

2015 年にアシックスに入社し、グローバルでのマーケティング企画業務に携わる。2017 年に渡米し、2018 年にボストンに拠点を置く ASICS Digital Inc の CEO に着任。2020 年に執行役員 デジタルアライアンス室 室長に就き、デジタル関連の企業連携を推進。2021 年 1 月から現職。

阿部 悟 (あべ さとる) [第 5 章]

株式会社アシックススポーツ工学研究所 フットウエア機能研究部 フットウエア機能研究チーム

2011 年にアシックスに入社後、同社主力であるランニングシューズの開発に携わり、アスリートからファンランナーまで幅広いランナーにむけたシューズの開発業務を担当。2016 年から現職に就き、商品の機能評価や官能評価などの業務に携わり、大学から研究を続ける実験心理学の観点から、感性に訴えるモノづくりの研究に従事。

スポーツとウェルネスのイノベーション

2023年3月31日　第 1 刷発行

編　者　大阪成蹊大学スポーツイノベーション研究所
著　者　植田真司・青野桃子・東出加奈子・菅 文彦・近藤孝明・阿部 悟
発行者　鴨門裕明
発行所　㈲創文企画
　　　　〒101－0061 東京都千代田区神田三崎町3－10－16 田島ビル2F
　　　　TEL：03－6261－2855　FAX：03－6261－2856
　　　　http://www.soubun-kikaku.co.jp
装　丁　オセロ
印　刷　壮光舎印刷㈱